Stadtrand

Umland

Der offizielle MVV Freizeitführer

Alexander Freitag / Klaus Wergles

Herausgegeben vom
Münchner Verkehrs- und Tarifverbund

Inhaltsverzeichnis

Stadt

Vorwort

Schon seit seiner Gründung vor nunmehr 30 Jahren ist die Freizeit der Münchner und der Umlandbürger ein zentrales Thema des MVV. Über attraktive Verkehrsverbindungen hinaus hat er sich seither auch intensiv der Erkundung von lohnenden Zielen gewidmet und Hilfen für die Ausflugsplanung zusammengestellt.

Nach Wandertipps und Radelrouten kommen nun die Badeplätze zu ihrem Recht.

Ähnlich wie beim Wandern und Radeln warten die Stadt und das Umland auch für Spiel, Sport und Spaß im und am Wasser mit einer riesigen Vielfalt auf. Das gilt seit einigen Jahren vermehrt nicht nur für sommerliche Badefreuden, sondern auch für winterliches Vergnügen im nassen Element. Zu Bächen, Flüssen, Weihern, Seen und Freibädern ist eine große Zahl von Schwimmtempeln, Erlebnis- und Spaßbädern hinzu gekommen, die es früher nur in größerer Reiseentfernung gab.

„Baden mit dem MVV" gibt Ihnen einen Überblick, ohne Anspruch auf Vollständigkeit zu erheben. Ziel war es, Ihnen die Orientierung zu erleichtern: eine kurz gefasste Beschreibung der Plätze und Einrichtungen zu geben, mit einer Wegskizze und Fotos dazu, damit Sie sich ein Bild machen können. Aber auch um Ihnen Appetit auf einen Badeausflug mit dem MVV zu machen. Ausgewählt wurden Freizeitoasen, die mit dem MVV direkt über einen anschließenden kleinen Fußweg (bis zu zwei Kilometer) oder eine kurze Radelstrecke (bis zu zehn Kilometer) zu erreichen sind.

Wir wünschen Ihnen viel Vergnügen und Abwechslung, dazu Entspannung und Erholung vom Alltag beim Baden.

Ihr MVV

Bad München

An die 20 Bäder sind es, unter denen die Münchner das ganze Jahr über auswählen können. Eigentlich – so scherzte Oberbürgermeister Christian Ude einmal – müsste die Stadt deshalb Bad München heißen. Denn neben den Sommerbädern und dem Dante-Winterwarmfreibad haben neun Hallenbäder, acht der Stadtwerke und die Olympiaschwimmhalle, das ganze Jahr hindurch geöffnet. Eine Riesenauswahl. Und zugleich ein riesiges Angebot an Attraktionen für Abwechslung und Spaß im nassen Element. Denn fast alle der einst auf Reinigung und Körperertüchtigung ausgerichteten „Badeanstalten“ wurden in den letzten Jahren modernisiert und mit Wellness-, Sport- und Spaßkomponenten angereichert, die man zuvor nur im ferneren Umland fand: Riesenrutschen, Strömungskanäle, Massagedüsen, Wasserpilze, Unterwas-

serliegen, Whirlpools und vieles mehr. In den Sommerbädern betreiben Subunternehmen Trampolinanlagen, und während der gesamten Saison bereichern Spiel- und Spaßveranstaltungen und sogar Kinovorstellungen am Beckenrand das Badeangebot. In einigen Bädern wurden opulente Saunalandschaften mit allen Schwitz- und Abkühlschikanen, mit Wüsten- und Tropenwaldklima installiert. Partnerunternehmen ergänzen das Angebot um Solarien und Massageservice.

Über 100 Millionen Euro hat die Stadt seit der Verabschiedung ihres Bäderkonzepts – die Umwandlung der Schwimmanstalten in Freizeit- und Erlebnisparadiese – investiert. Mit großem Erfolg, wie die steigende Zahl der Badegäste belegt.

In allen Bädern finden behinderte Mitbürger barrierefrei Zugang. Und die Mitarbeiter sind mit Freundlichkeit und Hilfsbereitschaft auf Kundenservice eingeschworen. Das Beste: Den Badespaß in den M-Bädern (M wie München) gibt es zu moderaten Preisen bei Öffnungszeiten bis in den späten Abend. Mit dem MVV sind sie alle gut erreichbar.

Stadt

Sommerbad Allach

Abfahrt ab Marienplatz: alle 20 Min.

Fahrzeit: 18 Min. bis Karlsfeld.

Fahrpreis: 1 Zone, 2 Streifen.

Adresse: Eversbuschstraße 213, 80999 München, Tel. 089/8 12 54 27.

Öffnungszeiten: Mai–September, täglich 9–18 Uhr, an heißen Tagen bis Juli bis 20.30 Uhr, im August bis 20 Uhr.

Eintritt: Erw. 2,60 €, erm. 1,80 €; 10er-Karte 23 € / 14,40 €.

Vom S-Bahnhof Karlsfeld ca. 1 km auf der Eversbuschstraße nach Süden. Stellplätze für Räder gibt es neben dem Eingang.

Ein intimes Familienbad der Stadtwerke München an der Würm am nördlichen Stadtrand mit viel Charme, gesäumt von hohen Bäumen. Es gibt ein Planschbecken, ein Kinderschwimmbecken mit Wasserrutsche und ein 25-m-Schwimmbecken für die großen Badegäste. Die Wassertemperatur beträgt wie in allen M-Sommerbädern ca. 24 °C.
In der überschaubaren Anlage ist gleichwohl neben grünen Liegebereichen Platz für eine Bolzwiese, ein Beachvolleyballfeld, ein Basket-

Das Kinderschwimmbecken im Bad an der Würm

Auf den Liegewiesen gibt es reichlich Schatten.

ballhalbrund um einen Korb, zwei Tischtennisplatten und sogar eine Bodenschachecke. Auch ein Kiosk mit kleinem Biergarten unter Bäumen fehlt nicht.

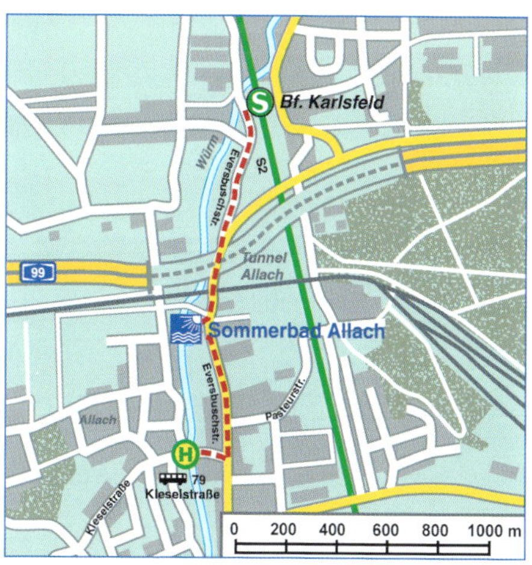

Ungerer Bad

Abfahrt ab Marienplatz: alle 5 / 10 Min.

Fahrzeit: 7 Min.

Fahrpreis: 1 Zone, 2 Streifen.

Adresse: Traubestraße 3, 80805 München, Tel. 089/23 61-77 31.

Öffnungszeiten: Mai–September, täglich 9–18 Uhr, an heißen Tagen bis Juli bis 20.30 Uhr, im August bis 20 Uhr.

Eintritt: Erw. 2,60 €, erm. 1,80 €; 10er-Karte 23 € / 14,40 €.

Vom U-Bahnhof die Ungererstraße ca. 200 m nach Norden, dann links in die Traubestraße, dort erreicht man nach wenigen Schritten den Eingang; davor gibt es reichlich Radlparkplätze.

Ein großzügiges Sommerbad mit allem, was man sich für Badespaß und -erholung nur wünschen kann. Weitläufige Liegewiesen und viele Einrichtungen für Spiel und Sport. Hier haben die Becken Namen: der Mariensee mit Wasservorhang, Rutsche und Sprudelpilz ist eher etwas für Nichtschwimmer. Abtauchen und Bahnen ziehen kann man im Kaiserbecken und im Luitpoldsee, zu dem ein Sportbereich mit Sprungturm (1 und 3 m) gehört. Für die Kleinsten gibt es ein großes Planschbecken mit Rutsche und sogar ein Babybecken, außerdem einen Abenteuerspielplatz.

Die Riesenrutsche ist die Hauptattraktion.

Das Ungererbad wurde schon vor mehr als 140 Jahren von dem Münchner Ingenieur August Ungerer als Flussbad gegründet. Ungerer richtete sogar eine Trambahnlinie von der Stadtgrenze zum Bad ein, das damals schon mit allerlei Event-Attraktionen ausgestattet war.

1911 schenkte er das Bad der Stadt.

Sportliche Mannschaftsspiele lassen sich auf zwei Beachvolleyballplätzen und einem Fußballfeld mit zwei Toren austragen.

Neben dem seit Jahren beliebten FKK-Bereich für Damen ist bei der Modernisierung des Bades 1999 auch ein textilfreier Familienbereich entstanden. Restaurant und Kiosk mit einem großen Biergarten runden das Angebot ab.

Für junge Badegäste gibt es viel Abwechslung.

Im Ungerer geben sich Studenten ebenso ein Stelldichein wie Familien mit Kindern, Schüler jeden Alters, Künstler und Lebenskünstler, Prominente und „Paradiesvögel".

Zum Umkleiden gibt es Wechselkabinen mit Kästchen, man kann aber auch eine Kabine mieten. Wertsachen lassen sich in Schließfächern sicher unterbringen. Es gibt sogar Schließfächer, die man für die ganze Saison mieten kann.

Nordbad

Abfahrt ab Karlsplatz / Stachus: Tram 27 alle 10 Min.

Fahrzeit: 13 Min.

Fahrpreis: 1 Zone, 2 Streifen.

Die Tramlinien 12 und 27 sowie die Buslinien 33 und 53 halten direkt am Nordbad. Vom Bahnhof Hohenzollernplatz der U 1 geht man etwa 400 m auf der Hohenzollernstraße nach Westen.

Adresse: Schleißheimer Straße 142, 80797 München, Tel. 089/23 61-79 41.

Öffnungszeiten: tägl. 7.30-23 Uhr,; Schwitzbad und Sauna 9-23 Uhr, Mi Damen.

Eintritt: Erw. 2,90 €, ermäßigt 2,10 €; 10er-Karte 25,60 € (17,90 €), Sauna (inkl. Schwimmbad) 11,30 €, Ruhekabine inkl. 1 Betttuch 3,10 €.

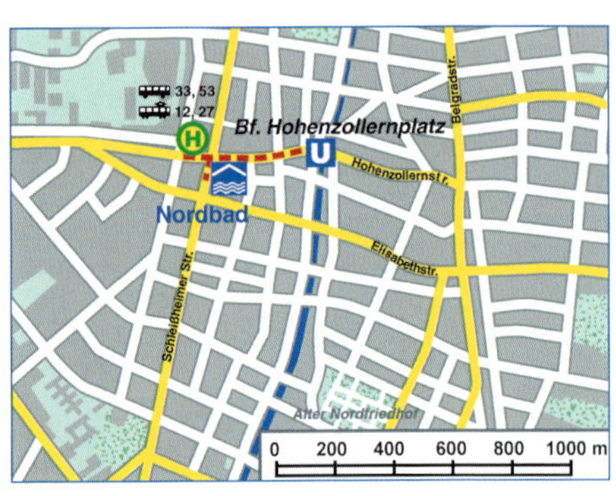

Seit der 1999 durchgeführten Modernisierung zum Erlebnisbad kann man auch im Nordbad das ganze Jahr über draußen und drinnen baden. Nach dem Umkleiden (Wechselkabinen mit Schränkchen) und Duschen steht einem eine vielfältige Badelandschaft offen. Kernstück ist das große Sportbecken unter der Zuschauertribüne (33 x 13 m) mit 1- und 3-m-Sprungbrettern. Weiter gibt es ein Nichtschwimmerbecken (30 °C), ein Planschbecken mit kleiner Rutsche für Winzlinge (ca. 34 °C) und einen Whirlpool. Über einen Ausschwimmkanal erreicht man das Außenbecken (30–34 °C) mit großem Strömungsrondell, Unterwasserliegen und Massagedüsen. Rund um das Außenbecken findet man im Sommer Ruheliegen und

Die große Tribüne aus den 30er Jahren ist nach der Modernisierung geblieben.

kann auf der angrenzenden Liegewiese sonnenbaden. Hier gibt es für die Kleinen noch einen Sommerspielplatz. Auch drinnen ist reichlich Platz zum Verschnaufen: Sitzgruppen und Liegemöglichkeiten am Beckenrand und auf den breiten Tribünenstufen. Für Badegäste mit Babys steht ein Wickelraum zur Verfügung. Das CAN (Café am Nordbad) an der Nordseite des Bades ist auch vom Bad aus zugänglich.

Über einen Ausschwimmkanal gelangt man ins Strömungsrondell im Garten des Nordbads.

Das obere Stockwerk des Nordbads nimmt ein großzügiger Schwitzbadbereich ein. Außer Umkleiden mit Schränkchen kann man hier gegen Aufpreis auch eine Einzelkabine wählen. Wer zum Schwitzen große Räume bevorzugt, ist hier am rechten Ort. Im Nordbad kommt kein Engegefühl auf, weder in der finnischen Sauna (90 °C) noch im Sanarium, einem Biosaunabereich mit unterschiedlich temperierten Warm- und Heißlufträumen, und auch nicht im römisch-irischen Dampfbad. Auf einer großen Außenterrasse gibt es überdies eine weitere, kleinere finnische Sauna und ein Tauchbecken, zu dem man allerdings eine Leiter hinaufsteigen muss. Innen im Aufenthaltsbereich stehen zwei große Tauchbecken (kalt und warm) ein Fußbadrondell und eine lange Wärmebank, dazu eine Reihe von Liegen zur Verfügung. Entspannen kann man auch in einem eigenen Ruheraum. Solarien und Massageservice runden das Angebot ab.

Olympiaschwimmhalle

Abfahrt ab Marienplatz: alle 20 Min.

Fahrzeit: 11 Min.

Fahrpreis: 1 Zone, 2 Streifen.

Adresse: Olympiapark, Spiridon-Louis-Ring, 80809 München, Info-Tel. 089/54 44-29 76.

Öffnungszeiten: Mo, Mi, Fr–So von 7–23 Uhr, Di und Do 7–17.30 Uhr und 21–23 Uhr geöffnet; Sauna-Paradies täglich von 8–23 Uhr.

Eintritt: Schwimmhalle Erwachsene 2,81 €, ermäßigt 2,30 €, Familienkarte 7,67 €; Sauna-Paradies Erwachsene 10,23 €, ermäßigt 7,67 €. Geburtstagskinder haben freien Eintritt.

Vom U-Bahnhof zu Fuß etwa 5 Min. durch den Olympiapark. Fahrradparkplätze gibt es neben dem Eingang.

Die Olympiaschwimmhalle gilt als eines der schönsten Garten-Hallenbäder Europas. Noch heute finden hier auch große Wettkämpfe statt. Überwiegend dient sie aber dem Freizeitspaß. Sportlich oder vergnüglich kann man sich unter dem bis zu 50 m hohen Zeltdach in 5 Becken tummeln – dem Wettkampfbecken (21 x 50 m), dem Sprungbecken (21 x 20 m) mit 10-m-Turm und fünf Sprungplattformen unterschiedlicher Sprunghöhen, dem Trainingsbecken, 12,5 x 50 m, dem Lehrschwimmbecken (16,5 x 8 m) und dem halbkreisförmigen Aufwärmbecken. Im Sommer öffnet sich die Liegewiese mit Sonnenliegen, Sitzgruppen, Tischtennisplatten, Beachvolleyballplatz und Abenteuerspielplatz für die Kleinen.
Die Olympiaschwimmhalle bietet werktags eine Fülle von Gesundheits- und Fitnessprogrammen wie Wassergymnastik, Ausdauertrai-

Das große Sportbecken unter dem bis zu 50 Meter hohen Zeltdach

Einrichtungen für Spiel und Sport finden sich im Außenbereich.

ning oder Skigymnastik. Die Teilnahme ist für Badegäste kostenlos.

Eine Attraktion ist auch das 750 m^2 große Sauna-Paradies. Hier findet man Saunakabinen mit 80 und 90 °C, ein Sanarium (65 °C) eine Dampfgrotte, ebenerdig zugängliche Tauchbecken, einen Außenbereich mit einer weiteren finnischen Sauna, große Ruhe- und Liegebereiche, Ruheräume mit Entspannungsmusik, Solarien, eine Cafeteria und sogar ein Meerwasseraquarium.

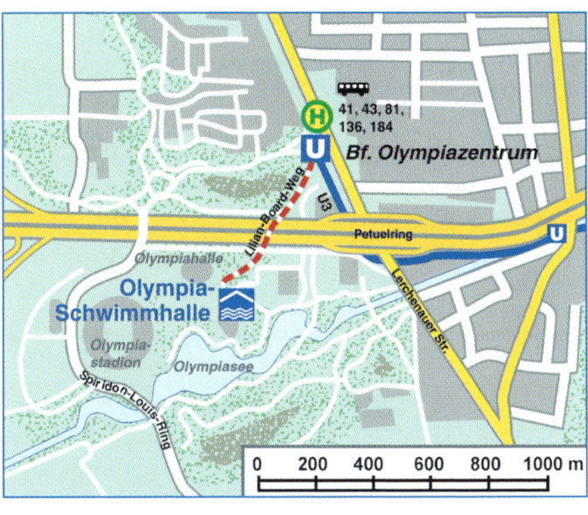

Georgenschwaige

Abfahrt ab Marienplatz: U-Bahnen, Tram 12 tagsüber alle 10 Min., Bus 44 alle 8 / 10 Min., Bus 154 alle 20 Min.

Fahrzeit: U 3 8 Min.

Fahrpreis: 1 Zone, 2 Streifen.

Vom Scheidplatz (U 2, U 3, U 8, Tram 12, Bus 44, 112, 154) auf der Belgradstraße ca. 250 m nach Norden. Unter den Bäumen vor dem Eingang gibt es viel Platz zum Abstellen von Fahrrädern.

Ein beliebtes überschaubares Familienbad ist die Georgenschwaige am Nordrand von Schwabing mit großer Liegewiese und altem Baumbestand vor allem in den Randbereichen. Es gibt einen separaten Mutter-und-Kind-Bereich, ein Planschbecken mit zwei kleinen Wasserrutschen, ein 25-m-Nichtschwimmerbecken und ein 50-m-Sportbeckem mit 1-m-Sprunganlage. Das Bad ist besonders behin-

Spielen total: Kinderplanschbecken und Trampolinanlage

dertengerecht gestaltet, es gibt sogar einen kleinen Kran zum Eintauchen ins erfrischende Nass. Ein Ballspielfeld und zwei Tischtennisplatten erlauben sportlichen Spaß außerhalb des Wassers. Außerdem gibt es ein Trampolin. Ein Kiosk mit kleinem Wirtsgarten sorgt für das leibliche Wohl der Badegäste.

Vom Hochsitz aus hat der Bademeister alles im Blick.

Adresse: Belgradstraße 195, 80804 München, Tel. 089/30 99 13.

Öffnungszeiten: Mai–September täglich 9–18 Uhr, an heißen Tagen im Juli bis 20.30 Uhr, im August bis 20 Uhr.

Eintritt: Erw. 2,60 €, erm. 1,80 €; 10er-Karte 23 € / 14,40 €.

Dante Warmfreibad

Abfahrt ab Hauptbahnhof: alle 5 / 10 Min.

Fahrzeit: U 1 7 Min.

Fahrpreis: 1 Zone, 2 Streifen.

Adresse: Postillonstraße 17, 80637 München, Tel. 089/23 61-79 81.

Öffnungszeiten: täglich 9–23 Uhr (Saunalandschaft im Sommer nur bis 22 Uhr).

Eintritt: Erw. 5,70 €, ermäßigt 4,10 €, 5er-Karte 25,60 € (17,90 €); Sauna (4 Std., inkl. Warmfreibad) 11,30 €.

Vom Bahnhof (Haltestelle) Westfriedhof an der Dachauer Straße (U 1, Tram 20, 21, Bus 83, 177) auf der Baldur- und Homerstraße zum Badeingang, ca. 200 m.

Das Dante Warmfreibad, schon lange die Attraktion unter den M-Bädern in der kalten Jahreszeit, wurde früher mit Abwärme aus dem nahen Gaswerk beheizt. Seit 2000 ist es ein modernes Spaß- und Wellnessbad, das von September bis in den Mai seine Tore öffnet. Bei konstanten Wassertemperaturen von 30 °C im großen Schwimmbecken (22 x 50 m) und 34 °C im Erlebnisbecken kann man herrlich entspannen, auch wenn es Stein und Bein friert.

Im bis zu 1,35 m tiefen Erlebnisbecken findet man alles, was im Wasser Spaß macht: einen großen runden Strömungskanal, Wasserpilz, Sprudelgrotte, Wasserliegen, Massagedüsen. Ein flacher Nichtschwimmerbereich ermöglicht auch den Jüngsten das nasse Vergnügen. Im Stadionbecken unter der Tribüne (im Dantebad wurden schon 1929 Schwimmwettkämpfe ausgetragen) kann man sportlich lange Bahnen ziehen. Um beide Becken führt ein beheizter

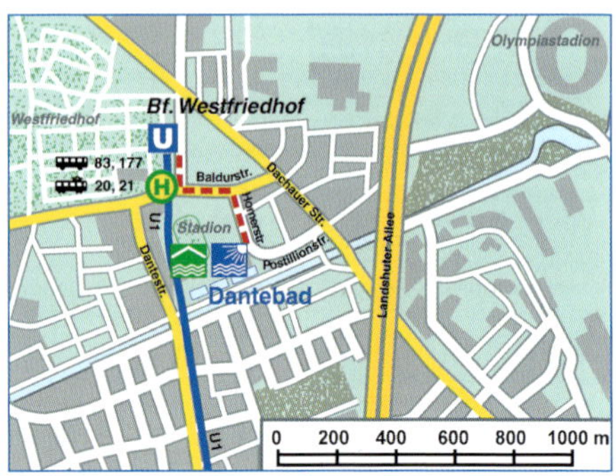

Das frühere Sprungbecken ist jetzt ein flaches Wellness-Areal.

Umgang, sodass man auch bei Frost keine kalten Füße zu fürchten braucht. Man erreicht das Freibad von den großzügigen Garderoben mit Duschbereich über einen Wärmegang. Im Obergeschoss bewirtet das Restaurant Hechtsprung Badegäste und externe Besucher.

Das Obergeschoss des Dante birgt seit 2000 eine der üppigsten und attraktivsten Saunalandschaften der Stadt, über 600 m² groß. Hier wurde bei den Schwitzeinrichtungen groß gedacht und gebaut. Die finnische Sauna (90 °C) mit Sternenhimmel und ebenso die helle, in wechselnden Farben beleuchtete Biosauna (60 °C) mit einem mächtigen Bergkristall in der Mitte sind riesig, Platz für viele ist auch im Kuppel-Rund des Dampfbads. Im Freiluft-Außenbereich zwei Treppen tiefer findet sich eine Blockhaussauna und ein großes Tauchbecken. Kneippbecken, Fußbadrondell, ein Freiluftbalkon, Aufenthaltsbereiche mit Sitzgruppen, Wärmebänken und ein großer Ruheraum mit bequemen Liegen und Solarien komplettieren die Wellness-Palette.

Dante Sommerbad

Abfahrt ab Hauptbahnhof: alle 5 / 10 Min.

Fahrzeit: U 1 7 Min.

Fahrpreis: 1 Zone, 2 Streifen.

Adresse: Postillonstraße 17, 80637 München, Tel. 089/23 61-79 81.

Öffnungszeiten: Mai mit September täglich 9–18 Uhr, an heißen Tagen bis Juli bis 20.30 Uhr, im August bis 20 Uhr.

Eintritt: Erw. 2,60 €, erm. 1,80 €, 10er-Karte 23 €, 14,40 €.

Vom U-Bahnhof und den Haltestellen der Linien 20, 21 (Tram), 83, 177 (Bus) zur Baldurstraße, dort ein kurzes Stück nach links und wieder rechts in die Homerstraße einbiegen, an ihrem Ende, dem Beginn der Postillonstraße liegt der Badeingang, ca. 100 m.

Eine riesige grüne Ruhezone ist der Dantepark südlich des Wohnviertels Borstei mit dem Dante Sommerbad. Hier gibt es viel Platz auf weiten Liegewiesen mit alten Bäumen, die Schatten spenden. Und viel Platz im Wasser. Zwei große 50-m-Becken laden ein zu sportlich langen Bahnen. Erfrischendes Nass gibt es in zwei weiteren großen Schwimmbecken und dazu das im Sommer vom winterlichen Warmfreibad hinzugenommene Erlebnisbe-

Ein Wassermann begrüßt die Badegäste.

Parallel zum Nymphenburger Kanal reit sich Becken an Becken.

cken mit Strömungskanal, Sprudelliegen, Wasserpilz und Massagedüsen. FKK-Anhänger finden hier nicht nur ihren abgeschirmten Wiesensonnenplatz, sondern dazu auch ein eigenes großes Schwimmbecken. Dazu gibt es Abenteuerspielplätze für die Kleinen, Bodenschach und Tischtennisfelder für die Großen und einen Kiosk mit Gartenterrasse, der die Badegäste mit Erfrischungen versorgt.

Sommerbad West

Abfahrt ab Hauptbahnhof: Tram 19 alle 10 Min.

Fahrzeit: 19 Min.

Fahrpreis: 1 Zone, 2 Streifen.

Adresse: Weinbergerstraße 11, 81241 München, Tel. 089/2361-77 01.

Öffnungszeiten: Mai–September täglich 9–18 Uhr, an heißen Tagen bis Juli bis 20.30 Uhr, im August bis 20 Uhr.

Eintritt: Erw. 2,60 €, erm. 1,80 €; 10er-Karte 23 € / 14,40 €.

Tram- und Bushaltestelle (Linie 72) sind nur ein paar Schritte vom Eingang des Bades entfernt. Am Vorplatz gibt es eine Parkharfe mit reichlich Platz für Fahrräder.

Eine sehr großzügig angelegte Badelandschaft, die kaum Wünsche offen lässt. Die kleinen Badegäste können sich in einem weiten

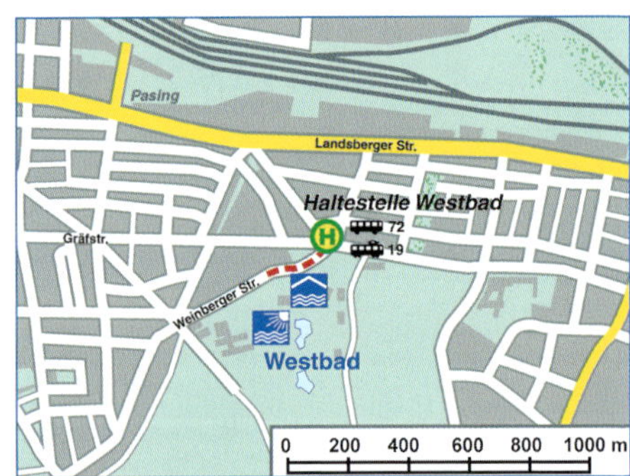

Im Kinderspielbereich

Planschbecken austoben. Es gibt einen Wasserpilz, eine Rutsche, einen Erlebnisspielplatz und ein Wasser- und Matsch-Paradies. Das große Sportbecken mit Sprungbereich (1 und 3 m) hat acht Bahnen. Sehr groß ist auch das Nichtschwimmerbecken. Dazu kommt noch als Hauptattraktion ein Erlebnisbecken mit Strömungskanal und großer Rutsche. Zwei Kioske mit kleinem Garten versorgen die Badegäste. Eingebettet in die weitläufigen, leicht hügelig angelegten Liegewiesen sind FKK-Bereiche für Damen und für Familien, zwei Beachvolleyballfelder und eine Bolzwiese mit Tor.

Als vierfache Schnecke windet sich die Riesenrutsche ins Wasser.

Westbad

Abfahrt ab Hauptbahnhof: Tram 19 alle 10 Min.; Linie 72 (Laimer Platz – Neuaubing) alle 10 Min.

Fahrzeit: ab Hbf. 19 Min.

Fahrpreis: 1 Zone, 2 Streifen.

Adresse: Weinbergerstraße 11, 81241 München, Tel. 089/23 61-77 01.

Öffnungszeiten: Täglich 7.30–23 Uhr, Saunainsel Mo u. Mi Damen, Di 7.30–15 Uhr Herren.

Eintritt: (3 Std.): Erwachsene 8,70 €, ermäßigt 5,70 €, 5er-Karte 35,80 € / 20,50 €. Saunainsel (5 Std. inkl. Schwimmhalle) 12,80 €, 5er-Karte 56,30 €.

Die Tramlinie 19 Richtung Pasing und die Buslinie 72 halten direkt an der kleinen Parkanlage vor dem Westbad, und so heißt auch die Haltestelle.

Das Westbad ist das Prunkstück unter den M-Bädern. Seit dem Jahr 1998 ersetzt ein großzügiger Neubau das alte Hallenbad der Pasinger. Unter einer riesigen Glaskuppel ist eine helle, freundliche Badelandschaft mit durchgehender Glasfront auf der Südseite angeordnet. Sie bietet alles, was man sich von einem Erlebnisbad wünscht. Auf fast 370 m² Fläche findet sich ein 25-m-Sportbecken, ein Erlebnisbecken mit einer 60 m langen Edelstahl-Wasserrutsche, eine Grotte mit Wasservorhang und Strömungskanal, ein Kinderplanschbecken, zwei 37 °C warme Whirlpools, dazu Solarien, Massageangebot und – auf der Galerie im Obergeschoss – zwei finnische Saunen, Biosauna und Dampfbad (im Schwimmpreis inbegriffen). Über einen Ausschwimmkanal erreicht man das 34 °C warme Solebecken im Freien mit Nackenduschen, Sprudelbereich und Massagedüsen.
Innen ist die Badelandschaft durch Brücken, Inseln, Nischen und Galerien aufgelockert und

Pasing
Landsberger Str.
Haltestelle Westbad
72
19
Gräfstr.
Weinberger Str.
Westbad
0 200 400 600 800 1000 m

Das große Schwimmbecken im schönsten der städtischen Badepaläste

überall finden sich bequeme Liegen und Sessel zum Entspannen. Im an der Westseite integrierten Restaurant kann man sich auch in Badekleidung niederlassen. Den größten Teil des Obergeschosses nimmt eine eigene Saunalandschaft, die Saunainsel, ein. Hier kann man abseits vom quirligen Treiben des Erlebnisbades zwischen finnischer Sauna (95 °C), einer Biosauna (60 °C) und einem geräumigen Dampfbad wählen und findet Entspannung im Ruheraum und im weitläufigen Aufenthaltsbereich mit Fußbadrondell. Abkühlung gibt es in einem Freilufthof mit Tauchbecken und vielerlei Guss-, Dusch- und Kneipp-Wassern.

Südbad

Abfahrt ab Marienplatz: (mit den U-Bahnen) alle 5/10 Min.

Fahrzeit: 5 Min. (U 3) bzw. 7 Min. (U 6).

Fahrpreis: 1 Zone, 2 Streifen.

Adresse: Valleystraße 37, 81371 München, Tel. 089/23 61-77 81.

Eintritt: Erw. 2,90 €, ermäßigt 2,30 €, 10er-Karte 25,60 € (20,50 €); Sauna (inkl. Schwimmhallenbenutzung) 10,30 €.

Öffnungszeiten: täglich 8–23 Uhr, Sauna 9–23 Uhr, Do nur Damen.

Viele kurze Wege führen zum Südbad: Vom U-Bahnhof Implerstraße geht man auf der Implerstraße ein Stück weiter geradeaus, biegt dann in die Valleystraße ein; ca. 700 m. Vom S-Bahn- und U-Bahnhof Harras (S 7, S 27, U 6, Bus 45, 62, 64, 66) geht man in Ostrichtung durch die Passage zum Kidlerplatz und zur Valleystraße; ca. 400 m, von der S-Bahn ca. 600 m.

Die riesige Fensterfront, die den Blick in den parkähnlichen Garten freigibt, ist für viele Badegäste des Südbads das Reizvollste an diesem gemütlichen, familiären Badetempel im Münchner Süden. Im Sommer öffnet sich der grüne Garten mit seiner Liegewiese und hohen, Schatten spendenden Bäumen. Hier finden kleine Badegäste ein Spielparadies mit Planschbecken, Wasserspielanlage, Sand-Matsch-Ecke, Schaukel-, Dreh- und Wippgeräten. Die Schwimmhalle birgt ein 12,5 x 25 m großes Becken mit 3-m-Sprungturm. Im flachen angrenzenden Lehrschwimmbecken ist reichlich Platz für erste Schwimmversuche unter elterlicher Aufsicht. Ferner gibt es auch Solarien, Sitzgruppen (an der Fensterfront) und Ruheliegen. Außerdem bietet eine durchgehende Wärmebank Platz zum Verschnaufen. Die Cafeteria mit Zugang von der Eingangshalle wartet mit Snacks und Getränken auf. Im Sommer öffnet sie zusätzlich einen kleinen Biergarten.

Eine Liegewiese gehört dazu.

Zum Bad gehört seit Ende 2000 eine recht großzügig angelegte Saunalandschaft auf 450 m²: Eine finnische

Sauna (90 °C) mit blinkenden Lämpchen als „Sternenhimmel", in der zwei Dutzend Badegäste bequem Platz haben, eine nicht minder große, freundlich helle Biosauna (65 °C) und ein gemütliches Dampfbad (45 °C, 100 % Luftfeuchtigkeit) erfüllen alle schweißtreibenden Wünsche. Zum Abkühlen findet man Schwall- und Gussbrausen, ein großes Tauchbecken, einen Freiluftraum mit Gartenblick, eine Fußbadgruppe und dazu einen seperaten Ruheraum.

Am Beckenrand gibt's Ruheplätze mit Gartenblick.

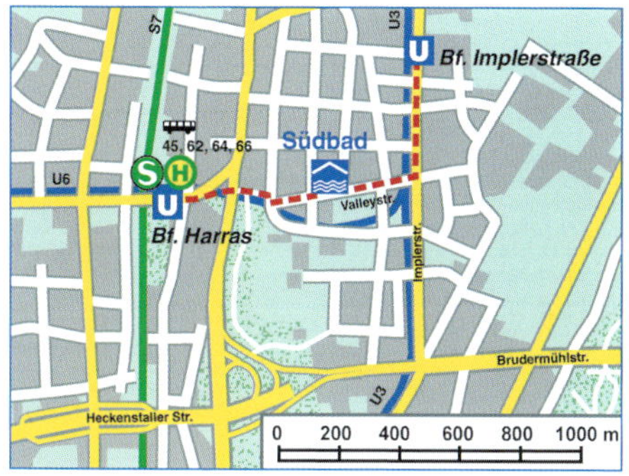

Schyrenbad

Abfahrt ab Hauptbahnhof: U-Bahnen alle 5 / 10 Min.; Bus 58 alle 8 / 10 Min.

Fahrzeit: U-Bahnen 5 Min.; Bus 58 alle 11 Min.

Fahrpreis: 1 Zone, 2 Streifen.

Vom U-Bahnhof (U 1 Richtung Mangfallplatz, U 2 Richtung Messestadt) in westlicher Richtung auf der Humboldtstraße, dann links durch die Claude-Lorrain-Straße zum Badeingang auf der rechten Seite, ca. 500 m. Der Bus 58 hält in unmittelbarer Nähe (Haltestelle Claude-Lorrain-Straße).

Münchens ältestes Freibad, schon 1847 als Männerbad geöffnet, ist heute ein großzügiges Familienbad, zentral und doch idyllisch an der Isar gelegen. Alter Baumbestand bietet angenehmen Schatten an heißen Tagen. Für Kinder gibt es ein Planschbecken und einen Spielplatz. Nichtschwimmer können sich in einem großen Becken mit Rutsche vergnügen. Schwimmer kommen im 50-m-Becken auch sportlich auf ihre Kosten. Gleich fünf Tischten-

Kiosk und Biergarten im Schyrenbad

Adresse: Claude-Lorrain-Straße 24, 81543 München, Tel. 089/65 37 15.

Öffnungszeiten: Mai–September täglich 9–18 Uhr, an heißen Tagen bis Juli bis 20.30 Uhr, im August bis 20 Uhr.

Eintritt: Erw. 2,60 €, erm. 1,80 €; 10er-Karte 23 € / 14,40 €.

Ping-Pong-Matches sind im Fünferpack möglich.

nisplatten stehen bereit. Außerdem kann man Bodenschachpartien austragen. Ein Kiosk mit Biergarten versorgt die Badegäste, von denen das Bad mehr als 7000 aufnehmen kann.

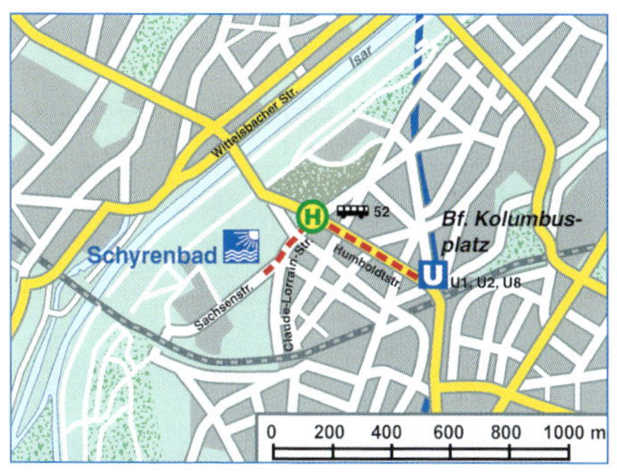

Hallenbad Forstenrieder Park

Abfahrt ab Marienplatz: U 3 alle 5 / 10 Min.

Fahrzeit: 15 Min.

Fahrpreis: 1 Zone, 2 Streifen.

Adresse: Stäblistraße 27b, 81476 München, Tel. 089/23 61-77 41.

Öffnungszeiten: Schwimmhalle täglich ab 8 Uhr, Sa, So, Mo bis 18 Uhr, Di–Fr bis 21 Uhr; Sauna Mo–Fr 9–21 Uhr, Sa, So 9–18 Uhr.

Eintritt: Schwimmhalle Erw. 2,90 €, erm. 2,30 €, 10er-Karte 25,60 € / 20,50 €.

Vom U-Bahnhof Forstenrieder Allee geht man in südlicher Richtung durch die Forstenrieder Allee, biegt nach etwa 600 m links in den Hatzelweg ein und erreicht auf der Filchner Straße (rechts) und der Stäblistraße (links) nach wenigen Schritten das Bad, ca. 1 km. Wer ungern läuft, nimmt am U-Bahnhof den Bus der Linie 65. Der hält nach 3 Min. Fahrt vor dem Bad.

Auch das Forstenrieder Bad ist eines der letzten M-Bäder, die noch traditionell auf das Schwimmen ausgerichtet sind; dazu hat es ausgesprochenen Familiencharakter entwickelt. Und mit Aqua-Aerobic und Aqua-Jogging wird viel für die Gesundheit geboten. Es wurde nach dem gleichen Bauplan errichtet wie das Giesinger Bad: ein 25-m-Sportbecken (16,6 m breit) mit Startblöcken und Sprungbrett, ein gesondertes Lehrbecken (16,6 x 8 m)

Hell und freundlich ist die kleine Schwimmhalle.

und dazu ein Planschbecken in einem überschaubaren Mutter-und-Kind-Bereich, in dem auch ein Wickeltisch nicht fehlt. 1976 entstand das Forstenrieder Bad im Rahmen der damaligen Bäderleitplanung. In der warmen Jahreszeit kann man sich im Außenbereich auf Liegewiesen sonnen – es gibt einen schönen alten Baumbestand. Hier finden sich auch Spielgeräte für die Kleinen und ein weiteres Planschbecken.

Zwei Saunen lassen Schwitzbadegäste auf ihre Kosten kommen. Dazu gibt es ein Massageangebot und ein Solarium. Entspannen und beim Baden zuschauen kann man vom Automatenbistro mit Cafébar in der Eingangshalle.

Im Sportbecken ziehen Stammgäste schon in der Frühe ihre Bahnen.

Bad Maria Einsiedel

Abfahrt ab Marienplatz: U-Bahn alle 5 / 10 Min.; Bus 57 alle 20 Min.

Fahrzeit: 9 Min.; Bus 57 3 Min.

Fahrpreis: 1 Zone, 2 Streifen.

Adresse: Zentralländstraße 28, 81379 München, Tel. 089/7 23 14 01.

Öffnungszeiten: Mai–September täglich 9–18 Uhr, an heißen Tagen bis Juli bis 20.30 Uhr, im August bis 20 Uhr.

Eintritt: Erw. 2,60 €, erm. 1,80 €; 10er-Karte 23 € / 14,40 €.

Mit der U 3 Richtung Fürstenried West bis Thalkirchen (Tierpark) und weiter mit der Buslinie der Linie 57 zum Bad. Die Haltestelle liegt gleich beim Eingang. Die Linie verkehrt während der Osterferien und ab den Pfingstferien bis zum Ende des Oktoberfestes.

Maria Einsiedel ist das einzige verbliebene Flussbad im Stadtgebiet und zugleich eines der ältesten städtischen Bäder (seit 1899). Es ist in die grüne Parklandschaft der südlichen Isarauen eingebettet. Auf rund 400 m fließt der

Münchens einziges Flussbad gilt als eines der schönsten in Deutschland.

Isarkanal hindurch, Brücken verbinden die Ufer, im Strom zu treiben bildet eine besondere Attraktion. Außerdem gibt es zwei Becken (25 und 50 m) sowie ein Planschbecken und einen schönen Spielplatz für die Kleinen mit Schaukel, Karussell und Sandspielplatz. Integriert ist ein Kiosk mit kleinem Wirtsgarten. Für Tischtennisturniere stehen fünf Tische bereit. Für Damen gibt es einen separaten FKK-Bereich, auch dies eine der ältesten Bade-Einrichtungen in München.

Hauptattraktion ist die Strömung des Isarkanals.

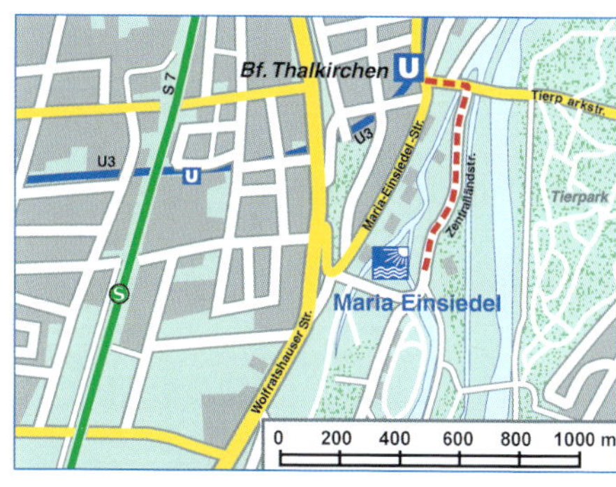

Müllersches Volksbad

Abfahrt ab Karlsplatz / Stachus: die S-Bahnen auf der Stammstrecke fahren in Abständen von wenigen Minuten, die Tram 18 verkehrt tagsüber alle 10 Min.

Fahrzeit: Tram 18 ab Karlsplatz / Stachus 8 Min.

Fahrpreis: 1 Zone, 2 Streifen.

Adresse: Rosenheimer Straße 1, 81667 München, Tel. 089/23 61 34 34.

Öffnungszeiten: Di–So 7.30–23 Uhr, Mo 7.30–17 Uhr, Schwitzbad täglich 9–23 Uhr, Di und Fr nur Damen.

Eintritt: Erwachsene 2,90 €, ermäßigt 2,30 €, 10er-Karte 25,50 € / 20,50 €. Schwitzbad (4 Std.) 11,30 €, 5er-Karte 51,20 €, Ruhekabine 3,10 €.

Vom S-Bahnhof Isartor nach Osten auf der Zweibrückenstraße und über die Ludwigsbrücke, ca. 600 m; die Tramlinie 18 hält auf der Ludwigsbrücke, von dort knapp 100 m.

Das wohl schönste der M-Bäder, das originalgetreu im Jugendstil renovierte Volksbad an der Isar schräg gegenüber vom Deutschen Museum, lässt Lebensgefühl und Kunstempfinden der Menschen an der Wende vom 19. zum 20. Jh. lebendig werden: Jugendstil-Feeling beim Baden. Das Schwimmbecken in der großen Schwimmhalle, einst männlichen Badegästen vorbehalten, misst 31 x 13 m, das Becken der kleinen Schwimmhalle ist 18 x 11 m groß. Beide sind 80 cm bis 2,80 m tief. Zum Umkleiden gibt es am und über dem Beckenrand auf der Galerie Wechselkabinen mit Kästchen, man kann aber – gegen Aufpreis – auch

Das Warmbecken des römisch-irischen Schwitzbades im historischen Badetempel

Die kleine Schwimmhalle war früher den Damen vorbehalten.

eine Kabine für sich allein benutzen. Ergänzend zum Schwimmvergnügen in dem historischen Ambiente stehen auch Solarien und Massageservice zur Verfügung.

Einen großen Anziehungspunkt für viele Badegäste bildet das römisch-irische Schwitzbad im Volksbad. Hier gibt es Warm- und Heißlufträume mit 45, 60 und 80 °C zum Aufwärmen, einen großen Dampfraum, eine finnische Sauna und zahlreiche Warm- und Kaltduschen ein Kaltwasserbecken mit nur 15 °C und – als zentrales Element – ein 34 °C-Warmbecken in einem tempelartigen runden Raum. Das gemütliche Café Stör ist von der Schwimm- und Schwitzseite nicht zugänglich. Im Haus befinden sich außerdem Münchens letztes öffentliches Reinigungsbad mit Wannen und Brausen und ein Friseursalon.

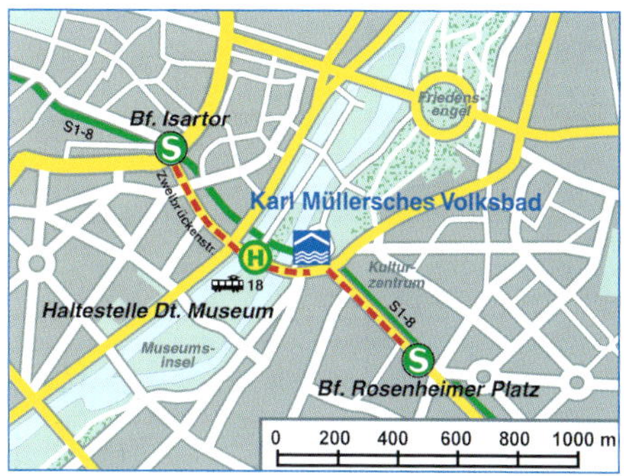

Das Müllersche Volksbad

Ende des 19. Jhs. machte der Ingenieur und Architekt Karl Müller der Stadt einige Immobilien zum Geschenk, mit der Maßgabe, aus dem Erlös ein Bad für die Münchner zu bauen.

Mit dem Bau wurde der königliche Architekt Karl Hocheder betraut. 1901 war sein Werk vollendet, am 9. Mai konnten es die Münchner „in Besitz" nehmen. Es hat die hundert Jahre seither und auch den Zweiten Weltkrieg nahezu unbeschadet überstanden. Das Bad wird von den Stadtwerken München mit erheblichem Aufwand originalgetreu in allen Details bis hin zu Farbgebung und Mobiliar erhalten.

Prinzregentenbad

Abfahrt ab Karlsplatz / Stachus: U 4 alle 5 / 10 Min.

Fahrzeit: 6 Min.

Fahrpreis: 1 Zone, 2 Streifen.

Adresse: Prinzregentenstraße 80, 81675 München, Tel. 089/23 61-77 51.

Öffnungszeiten: Mai–September täglich 9–18 Uhr, an heißen Tagen bis Juli bis 20.30 Uhr, im August bis 20 Uhr.

Eintritt: Erw. 2,60 €, erm. 1,80 €; 10er-Karte 23 € / 14,40 €.

Vom U-Bahnhof und den Haltestellen Prinzregentenplatz der Buslinien 53 und 54 auf der Prinzregentenstraße ca. 3 Min. stadteinwärts, von der Tramhaltestelle der Tramlinie 18 an der Ismaninger Straße 3 Minuten stadtauswärts auf der Prinzregentenstraße. Radlstellplätze beim Haus.

Das Prinzregenten Sommerbad ist nach wie vor der In-Treff von Promis, Schickis und immer gut als Ort für einen Flirt. Dabei ist das Prinzregentenbad vor allem auch eine sommerliche Familienoase mitten in der Stadt: Es gibt schöne Liegewiesen mit Baumbewuchs. Schon ab Sommer 2002 gibt es zusätzlich zur Wasserfläche von insgesamt 1000 Quadratmetern, unterteilt in ein 25-Meter-

An warmen Sonnentagen ist Hochbetrieb im Prinzregentenbad.

Schwimmerbecken, ein Nichtschwimmerbecken und ein separates Becken mit Sprungturm, neue Attraktionen. Strömungskanal, eine 58-m-Rutsche, Wasserpilz und Wasserspielanlage für Kleinkinder sowie einen Sand-Matsch-Bereich. Auch ein Kiosk mit Gartensitzgruppen fehlt nicht. Bis 2003 entsteht außerdem eine opulente Saunalandschaft im Obergeschoss des neuen Eingangsgebäudes. Erneuert wurde auch das Restaurant, das von der Straße, vom Schwimmbad und in der kalten Saison auch von der neuen Freieisbahn (30 x 60 m) aus zugänglich ist.

Hallenbad Giesing-Harlaching

Abfahrt ab Hauptbahnhof: U 1 alle 5 / 10 Min.

Fahrzeit: 10 Min.

Fahrpreis: 1 Zone, 2 Streifen.

Adresse: Klausener Straße 22, 81547 München, Tel. 089/23 61-77 61.

Öffnungszeiten: Schwimmhalle täglich ab 8 Uhr, Sa, So, Mo bis 18 Uhr, Mi bis 20 Uhr, Di, Do, Fr bis 21 Uhr; Sauna Mo–Fr 9–21 Uhr, Sa, So 9–18 Uhr.

Eintritt: Schwimmhalle Erw. 2,90 €, erm. 2,30 €, 10er-Karte 25,60 € / 20,50 €.

Vom U-Bahnhof geht man in südwestlicher Richtung auf der Straße Am Hohen Weg und biegt nach etwa 500 m rechts in die Klausener Straße ein. Der Badeingang auf der linken Seite ist nach wenigen Schritten erreicht. Von der Haltestelle Kurzstraße der Tramlinie 25 (Max-Weber-Platz – Grünwald) durch die Grödner- und Klausener Straße ist es etwa ebenso weit.

Das Giesinger Bad ist traditionell aufs Wesentliche ausgerichtet: das Schwimmen. Es hat ein 25-m-Sportbecken (16,6 m breit) mit Startblöcken und Sprungbrett, ein gesondertes Lehrbecken (16,6 x 8 m) und dazu zwei Planschbecken. 1975 entstand es im Rahmen der damaligen Bäderleitplanung von 1970 baugleich mit dem Forstenrieder Bad. In der warmen Jahreszeit kann man sich auf Liegewiesen mit altem Baumbestand sonnen. Hier finden sich auch Spielgeräte für die Kleinen.

Ungestörtes Schwimmen

Für Schwitzbadegäste stehen zwei finnische Saunen bereit. Dazu gibt es ein Massageangebot und ein Solarium. Dem Badegeschehen zuschauen kann man von den Sitzgruppen im Automatenbistro in der Eingangshalle.

Die große Schwimmhalle mit Fenster zum Garten

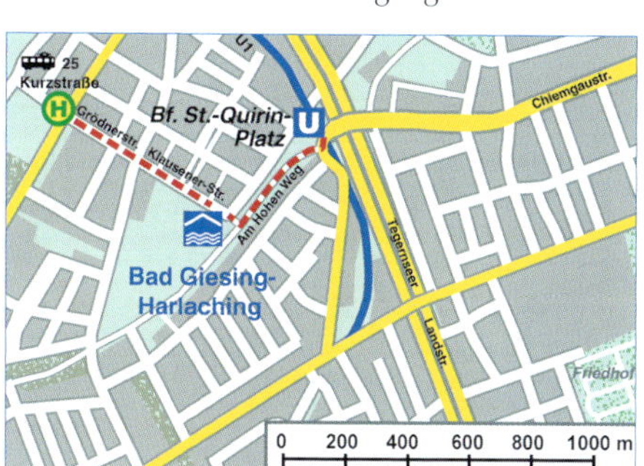

Ein „Geheimtipp": Vom Beckenrand aus kann man im Giesinger Bad dem FC Bayern beim Training zusehen.

Cosima Wellenbad

Abfahrt ab Karlsplatz / Stachus: U 4 alle 5 / 10 Min., Linienbusse alle 10 bzw. alle 20 Min.

Fahrzeit: U 4 alle 10 Min.

Fahrpreis: 1 Zone, 2 Streifen.

Adresse: Cosimastraße 5, 81925 München, Tel. 089/23 61-79 21.

Öffnungszeiten: Täglich 7.30–23 Uhr; Sauna Mo–Fr 9–23 Uhr, Sa, So 7.30–23 Uhr.

Eintritt: Erwachsene 2,90 €, ermäßigt 2,30 €, 10er-Karte 25,60 € / 20,50 €. Sauna (inkl. Schwimmbad) 9,20 € 5er-Karte 40,90 €.

Vom U-Bahnhof Arabellapark auf der Englschalkinger Straße nach Osten bis zur Cosimastraße, ca. 600 m. Direkt am Bad halten die Busse der Linien 37, 137, 89, 90, 154.

Im Cosimabad schlägt der Badespaß hohe Wellen. Es ist das einzige Münchner Hallenbad mit Wellenbetrieb und erfreut sich darum seit vielen Jahren großer Beliebtheit. Das 35 x 16,6 m große Becken unter der Balkenkonstruktion des Daches ist bis 3,4 m tief. Bei Wellenbetrieb wird der Wasserspiegel um 60 cm gesenkt, auf der Südseite entsteht so ein knöcheltiefes Flach-„Ufer“, an dem die über 1 m

Der Eltern-Kind-Bereich mit Planschbecken

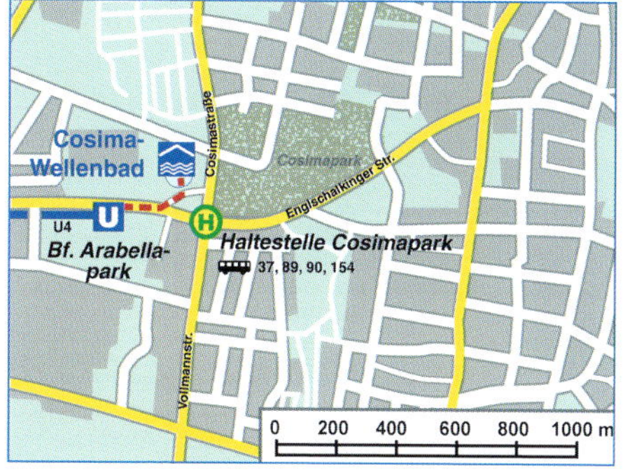

Häufiger Gast im **Cosimabad** ist die Kunst. Ihr Vestibül wird in unregelmäßigen Abständen zur Galerie, in der Münchner Künstler ihre Bilder präsentieren und zum Kauf anbieten.

hohen Wellen auslaufen. Wellenbetrieb ist an Werktagen ab 14 Uhr, sonst ganztägig, alle 30 Min.

Außerdem gibt es einen Mutter-und-Kind-Bereich mit Planschbecken. Zwei deckenhohe Glasfronten lassen viel Licht in das Bad. Über einen Ausschwimmkanal von einem kleinen Innenbecken aus erreicht man das Heißsprudelbecken im Freien (34 °C) mit Massagedüsen am Beckenrand. Im Sommer können Sonnenanbeter sich auf der angrenzenden Liegewiese ausstrecken. Hier ist auch ein FKK-Bereich abgeteilt.

Hohe Wellen im Halbstundentakt gibt's in München nur im Cosimabad.

Zum Bad gehört eine in abgeschlossene Bereiche trennbare finnische Doppelsauna mit Frischluftraum und Tauchbecken, Solarien und Massageangebot. Integriert ist ein Restaurant mit getrennten Bereichen für Badegäste und Besucher. In beiden kann man aus der Höhe dem Badetreiben zuschauen. Auch ein kleiner Wirtsgarten gehört dazu.

Michaelibad

Abfahrt ab Hauptbahnhof: alle 5 /10 Min.

Fahrzeit: 14 bzw. 13 Min.

Fahrpreis: 1 Zone, 2 Streifen.

Adresse: Heinrich-Wieland-Straße 24, 81735 München, Tel. 089/23 61–79 61.

Öffnungszeiten: Sommerbad: Mai–September täglich 9–18 Uhr, an heißen Tagen bis Juli abends bis 20.30 Uhr, im August bis 20 Uhr. Sauna und Hallenbad: täglich 7.30–23 Uhr, Sauna Di nur Damen.

Eintritt: Sommerbad: Erw. 2,60 €, erm. 1,80 €; 10er-Karte 23 € / 14,40 €. Hallenbad: (2 Std.) Erw. 3,50 €, erm. 2,50 €; 10er-Karte 15 € / 10 €. Sauna: (4 Std.) 11 €; 5er-Karte 50 €.

Der Ostausgang des Bahnhofs Michaelibad der U 5, U 8 liegt genau vor dem Badeingang. Am Westausgang, ca. 100 m entfernt halten außerdem die Buslinien 94 und 137. Vor dem Eingang sind großzügig Fahrradstellplätze angelegt.

Das Michaelibad ist das ganze Jahr hindurch die Badeattraktion im Münchner Osten. Das Sommerbad bietet ein Nichtschwimmerbecken, ein Spaßbecken mit Rutsche, Spritzfontäne und Wasserpilz, ein Schwimmerbecken und ein Sprungbecken mit Turm für alle Höhen bis 10 m. Für Familien mit Kindern ist der große Spielplatz mit Wasserspielpark besonders anziehend. Auf den großen Liegewiesen spenden viele Bäume Schatten.
Für sportliche Aktivität auf festem Boden gibt es vier Tischtennisplatten und ein Beachvolleyballfeld (mit Duschen zum Abkühlen). Erfrischungen hält ein Kiosk mit Sitzgruppen bereit.

Die neue Riesenrutsche im „Michi“

Das Michaeli-Hallenbad

In der Schwimmhalle gibt es jetzt auch Whirlpool und Dampfbad ohne Aufpreis.

Es ist der jüngste und modernste Badetempel der M-Bäder (neu eröffnet im Dezember 2001). Von der einstigen Badeanstalt ist nur das 25-m-Schwimmerbecken und das 25-m-Jugendchwimmbecken geblieben. Alles andere wurde größer, schöner, attraktiver, heller und freundlicher. Vor allem ist man hier auf Wellness bedacht. Zur Schwimmhalle gehören jetzt die im Freien gewundene, 83 m lange Schnecke der Abenteuer-Rutsche, ein Außenbecken mit Strömungskanal, Unterwasserliegen und Massagedüsen, zwei Whirlpools, ein weitläufiger Ruhebereich mit an die 60 Liegen, ein integriertes Dampfbad, dazu Solarienplätze und ein Massageraum. Ein Bistro bewirtet Badbesucher und Schaulustige.

Über zwei Etagen erstreckt sich die separate Saunalandschaft mit Sanarium (60 °C, 45 % Luftfeuchtigkeit), Dampfbad, finnischer Sauna, Kneippbereich, Frischluftterrasse, großzügigen Ruhebereichen, einen ebenerdig zugänglichen Tauchbecken innen und außen sowie der Erdsauna, einer Art Saunatheatron in einem Hügel im Freiluftbereich.

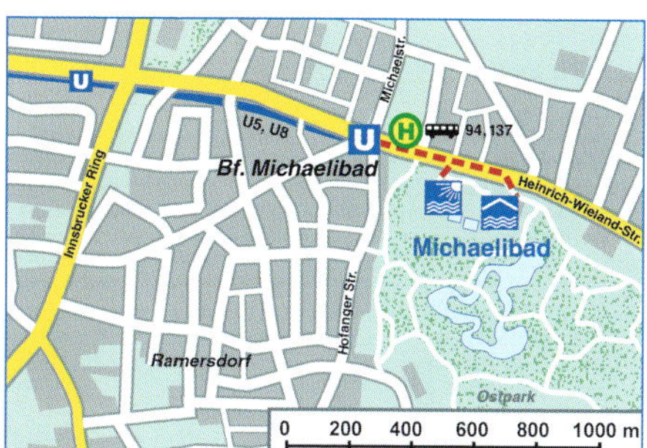

Stadtrand

Garchinger See

Abfahrt ab Marienplatz: alle 5 / 10 Min.

Fahrzeit: 21 Min.

Fahrpreis: 2 Zonen, 4 Streifen.

Vom U-Bahnhof nach Norden, weiter auf der Schleißheimer Straße, die hier nicht mehr der belebten B 471 folgt, sondern nach links, dann nach rechts zur Ortsmitte abzweigt. An ihrem Ende geht es weiter nach Norden auf der schmalen Fahrstraße Am See zum Sport- und Erholungsgelände, ca. 1 km.

Blick über die Schutzzone zum Badeufer

In den 30er-Jahren wurde hier für den Autobahnbau (Müchen–Nürnberg) Kies abgebaut. Seit 1968 hat die Stadt Garching den dabei entstandenen seichten (nur bis 3 m tiefen) See in ihren angrenzenden opulenten Sport- und Freizeitpark mit Stadion, großzügigen Leichtathletik-Anlagen, Spiel- und Bolzplätzen, Tenniscourts, Sommerstockbahnen, Halfpipe und Beachvolleyballplatz einbezogen.

Rund um den 5 ha großen See wurden Naturschutzbereiche und Liegewiesen zum Teil am Hang modelliert und mit inzwischen ansehnlichem Baumbestand schön begrünt. Einkehren kann man im ganzjährig bewirtschafteten Restaurant / Café Seegarten mit Kiosk und SB-Biergar-

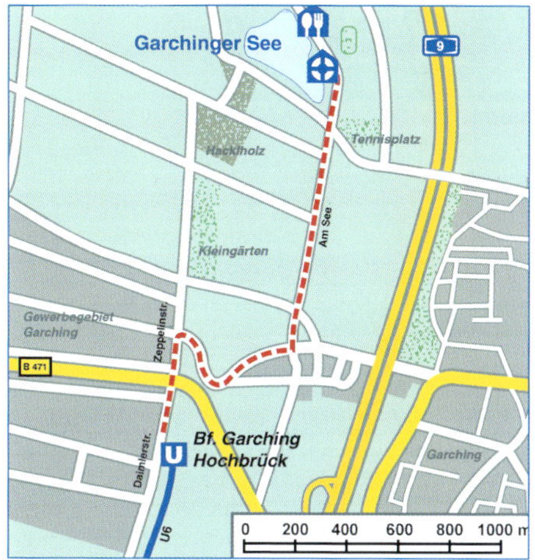

ten auf einer Pergola-Terrasse am Hang über dem See (Tel. 089/3 20 58 28, kein Ruhetag). Der flache See erwärmt sich rasch und ist darum besonders beliebt bei Familien mit kleinen Kindern. Die geringe Wassertiefe schafft aber auch Probleme: Dem See droht in heißen Sommern schon mal Erstickungsgefahr.

Die Liegewiese unterhalb des Seerestaurants

Regattaparksee

Abfahrt ab Marienplatz: alle 20 Min.

Fahrzeit: 22 Min.

Fahrpreis: 2 Zonen, 4 Streifen.

2230 m lang und 140 m breit ist die Ruderregattastrecke im Münchner Norden bei Oberschleißheim. Angelegt wurde sie für die Ruder- und Kanu-Wettbewerbe der olympischen Spiele von 1972. Heute hat hier das Leistungszentrum München für Rudern und Kanu sein Domizil.

Vom Bahnhof auf der Mittenheimer Straße nach Süden, über die Gleise, dann über die Dachauer Straße hinweg weiter auf der Effnerstraße. Im Schlossbereich (Wilhelmshof) nach rechts auf der Schönleutnerstraße zur Veterinärstraße, geradeaus weiter bis zur Hubertusstraße, links und auf dieser über die Autobahn A 92 zum Regattagelände. Ca. 3,8 km.

Direkt an der Stadtgrenze liegt dieser durch Kiesaushub entstandene schöne Badesee neben der Ruderregattastrecke in Oberschleißheim. Er bietet weite Liegewiesen mit noch jungem Baumbestand und einigen älteren hohen Bäumen am Rand.
Die Stadt als Betreuerin hat für ausreichend Müllbehälter, Rettungsringe, Notrufsäulen und öffentliche WCs gesorgt. Und es gibt eine DLRG-Wachstation. An belebten Badetagen findet sich auch ein mobiler Kiosk mit Snacks,

Flache Uferstrecken bieten Badefreuden für die Kleinen.

Unter der Tribüne ist das Baden auch in der Regattastrecke erlaubt.

Eis und Getränken ein. Das Südufer bildet eine ausgedehnte Schutzzone für Tiere und Pflanzen. Rund um den See führt ein Kiesweg. Hunde dürfen nicht baden und auch Grillen ist nicht erlaubt. Baden darf man außerdem auch ein paar Schritte entfernt in der Regattastrecke – selbstverständlich nur an veranstaltungsfreien Tagen – an einem etwa 500 m langen Streifen vor der Tribüne. Hier gibt es auch einen Kiosk mit einigen Tischen im Freien.

Unterföhringer See

Abfahrt ab Marienplatz: alle 20 Min.
Fahrzeit: 18 Min.
Fahrpreis: 1 Zone, 2 Streifen.

Vom S-Bahnhof auf der Bahnhofstraße nach Westen (links), über die Münchner Straße hinweg und weiter auf der Kanalstraße talwärts. Dort über die Isarkanalbrücke und am Isarufer entlang nach Norden zum See, knapp 2 km.

Ein idyllischer Badeplatz mitten im Landschaftsschutzgebiet Isartal ist der Unterföhringer See. Er liegt in schöner Parklandschaft im Münchner Norden zwischen Isar und Isarkanal. Mit seiner mehr als 5 ha großen Wasserfläche ein eher kleiner Badesee. Dazu gehören aber noch einmal rund 5,5 ha Liegewiesen, Schutzzonen und Auwald. Angelegt wurde das über 30 ha große Freizeitareal vom Verein Erholungsgebiete, die Betreuung besorgt die Gemeinde Unterföhring zusammen mit dem Landkreis München.

Der See wird von Grundwasser gespeist; da er aber nur bis zu 2,5 m tief ist, erwärmt er sich schon früh in der Badesaison. Badeseite ist das

Blick vom Badeufer zur Vogelinsel

Westufer mit etwas mehr als 0,5 km ausgebauter Uferlänge. Hier gibt es eine Wasserwachtstation, Duschen und WCs sowie ein Telefonhäuschen, ausgedehnte Liegewiesen mit schönem Baumbestand und einen Kinderspielplatz mit Sandhügel und Turngeräten. Für Kinder wurde ein Sandstrand zum Burgenbauen aufgeschüttet. Am Ostufer liegt auch das Restaurant / Café Seegarten am Poschinger Weiher (Tel. 089/ 95 00 16 06) mit einem SB-Biergarten.

Kieswege durchziehen die Liegewiesen am Westufer.

Die kleine Insel im See und die Ufer im Osten sind Schutzzonen für Tiere und Pflanzen. Wie an allen Vereinsanlagen besteht Badeverbot für Hunde. Teil der Anlage ist der Erholungspark im Norden des Sees mit Wanderwegen und einem Aussichtsberg. Auf der Höhe, wo es Ruhebänke und einen Grillplatz gibt, hat man bei klarem Wetter einen freien Blick auf München und die Berge.

Feringasee

Abfahrt ab Marienplatz: alle 20 Min.

Fahrzeit: 18 Min.

Fahrpreis: 1 Zone, 2 Streifen.

Vom Bahnhof nach rechts auf der Medienstraße, dann nach links auf dem Etzweg und wieder rechts auf dem für Autos gesperrten Unteren Aschheimer Weg zum Erholungsgebiet, ca. 0,8 km.

Der Feringasee ist die größte Anlage des Vereins Erholungsgebiete. Insgesamt misst sie 62,3 ha; davon sind 31,9 ha Wasserfläche. Auf der Südseite ragt wie ein nach Norden gerichteter Fuß eine Landzunge in den See – ein ideales Dorado für FKK-Anhänger, die dieses Areal in großer Zahl in Besitz nehmen. Auch dieses Erholungsgebiet verdankt seine Entstehung dem Kiesabbau – für den Autobahnring A 99. See und Liegewiesen haben die übliche gute Ausstattung mit Müllkörben, Rettungsringen, WC-Anlagen und Notrufsäulen. Am Ostufer ist eine Wasserwachtstation mit Motorboot eingerichtet. Ein breiter Liegewiesenstreifen säumt den See. Über tausend Bäume wurden hier als Schattenspender gepflanzt, noch fehlt ihnen allerdings der dazu nötige stattliche Höhenwuchs. An der Südostecke gibt es einen behindertengerechten Zugang ins Wasser. In weiten Teilen geht es flach ins Wasser, ideal für kleine Kinder. Für die Kleinen wurden auch eigens Sandspielplätze und Sandstrände aufgeschüttet. Viele Familien mit Kindern haben deshalb in der Badesaison hier schon ihren Stammplatz.

Das Badeufer beim Kiosk am Südufer

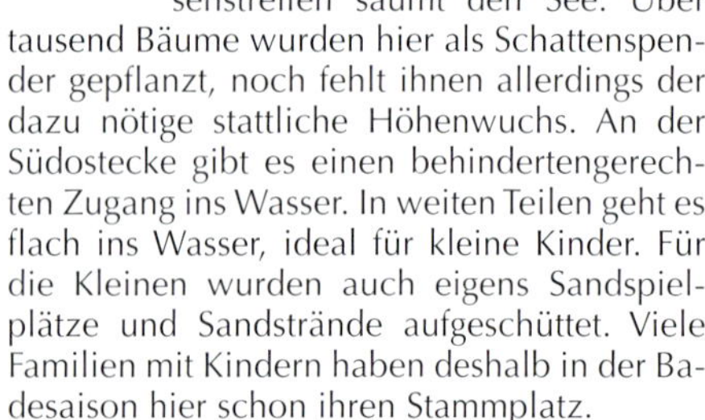

Ein Spazier- und Radelweg, der im Süden asphaltiert ist, führt rund um den See. Ein guter Teil des Nordufers ist als ökologische Ausgleichszone mit flachen Laichzonen für Fische geschützt. Der nördliche Seebereich dagegen ist zum Surfen freigegeben. Hier hat auch der 1. Münchner Windsurfing Club sein Domizil.

Das Badeufer beim Gasthof Feringasee

Einige Beachvolleyballfelder und Tischtennisplatten eröffnen Sportmöglichkeiten an Land. Am Südufer, beim Zugang zur FKK-Halbinsel, gibt es einen Kiosk mit kleinem SB-Biergarten. In der Mitte des Ostufers bietet der Gasthof Feringasee (Tel. 089/9 50 53 75, ganzjährig geöffnet, kein, im Winter Mo u. Di Ruhetag) in seinem großen Biergarten am Ufer einen schattigen Aussichtposten über das Geschehen am und auf dem See.

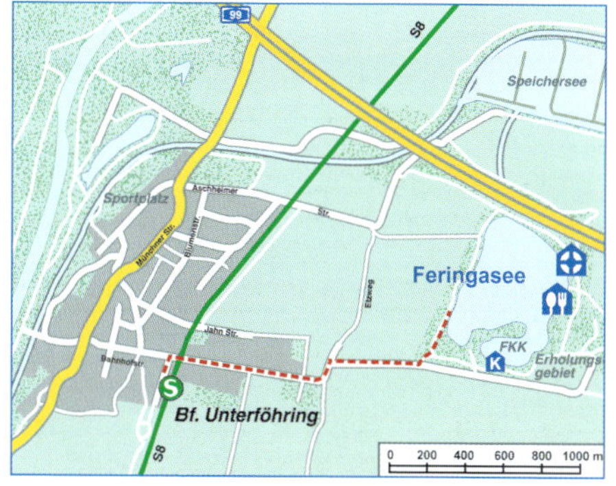

Karlsfelder See

Abfahrt ab Marienplatz: alle 20 Min.

Fahrzeit: 18 Min.

Fahrpreis: 1 Zone, 2 Streifen.

Vom S-Bahnhof Karlsfeld ein kurzes Stück weiter nach Norden (Zum Schwabenbachl), dann auf der Allacher Straße geradeaus zur Münchner Straße, dort nach links und wenig später auf der Hochstraße nach rechts zum Erholungsgebiet, ca. 3 km.

Der Karlsfelder See ist die zweitgrößte Anlage des Vereins Erholungsgebiete. Sie wird von der Gemeinde Karlsfeld und dem Landkreis Dachau betreut und misst über 58 ha, davon sind 24 ha Wasserfläche und 17 ha Liegewiesen. Wie viele andere Erholungsgebiete verdankt der See seine Entstehung dem Kiesabbau (für den Rangierbahnhof) schon in den 40er-Jahren. Im Westen ist ein kleiner Natursee vorgelagert, ein Biotop und Vogelparadies. Rund um den großen Badesee gibt es ausgedehnte ebene und geneigte Liegewiesen mit vielen Schatten spendenden Bäumen. Nirgends fehlt es an Abfallkörben, Rettungsringen, Ruhebän-

Manche Uferabschnitte fallen steil ab und sind nur für Schwimmer geeignet.

Auch außerhalb der Badesaison ist der Karlsfelder See ein beliebtes Ziel für Spaziergänge. Es gibt sogar einen 20 m hohen Aussichtsberg, dessen Hänge im Winter zum Rodelparadies werden.

ken, öffentlichen Toiletten und Telefonen. Die Wasserwachtstation auf der Mitte des Ostufers verfügt über Motorboote und kann so in kürzester Zeit jede Stelle im See erreichen. An sportlicher Aktivität gibt es Tischtennis (über 20 Platten), Beachvolleyball (zwei Felder), Sommerstockbahnen und für die Kleinen einen Abenteuerspielplatz. Am Rand des Erholungsgebietes bieten sich weitere Sportmöglichkeiten: Minigolf, Tennis, Skating und Vereinssportplätze.

Zwei Gaststätten sorgen für das leibliche Wohl der Badegäste, beide auf der Ostseite: das Karlsfelder Seehaus, Restaurant-Café, mit Terrasse (Bedienbereich) und Kiosk mit Selbstbedienungs-Biergarten (Hochstraße 67, Tel. 08131/3 82 70) und das Gasthaus Seeblick mit Selbstbedienungsbiergarten (Hochstraße 71, Tel. 08131/9 53 57). Haustiere dürfen nicht mitgebracht werden; Grillen ist nicht erlaubt. Auf asphaltiertem Weg kann man den See auf einem Spaziergang nahe des 3 km langen Ufers umrunden (insgesamt 5 km Spazierwege).

Feldmochinger See

Abfahrt ab Marienplatz: alle 20 Min.
Fahrzeit: 18 Min.
Fahrpreis: 1 Zone, 2 Streifen.

Vom Bahnhof auf der Josef-Frankl-Straße zum Ortskern von Feldmoching, dort ein kurzes Stück nach links auf der Feldmochinger Straße, dann nach rechts auf der Hammerschmiedstraße und dem Feldmochinger Seeweg zum Erholungsgebiet; ca. 2 km.

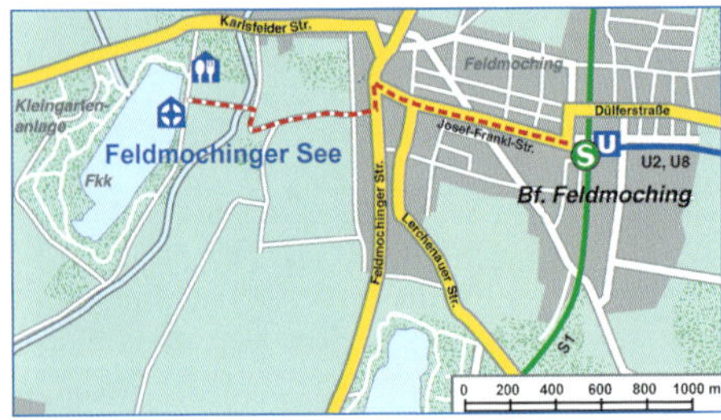

Die Anlage Feldmochinger See der Landeshauptstadt München entstand an einem aufgelassenen Baggersee, an dem schon in den 30er-Jahren Kies gewonnen wurde. Der See, der der größte der Dreiseenplatte des Münchner Nordens ist, ist rund 17 ha groß. Hinzu kommen noch einmal über 13 ha Liegewiesen. Hier fehlt es nicht an Müllbehältern, Notrufsäulen, Rettungsringen und öffentlichen WC-Anlagen. Es gibt eine Wasserwachtstation mit Motorboot und einen eigenen Badebereich für Behinderte mit Roll-

Ganz nah am Ufer sind die begehrtesten Plätze.

Blick auf das Ostufer mit der Wasserwachtstation

stuhlrampe. Am Südufer ist eine kleine Schutzzone für Pflanzen und Tiere mit einer Beobachtungsplattform auf Stelzen angelegt. Daneben befindet sich ein vor neugierigen Blicken geschützter FKK-Bereich. Grillzonen, Beachvolleyballfelder und Tischtennisplatten runden das Freizeitangebot ab.

Die Liegewiesen erstrecken sich – mit Ausnahme des kleinen Bioptops – rund um den See, teilweise an zum See abfallenden Hängen. Die Ufer fallen an vielen Stellen steil ab. Ein Kiesweg führt in Ufernähe rund um den See; er ist auch außerhalb der Badesaison als Spazierweg beliebt.

Zwei Gaststätten sorgen für das leibliche Wohl der Badegäste, beide liegen auf der Ostseite: Gaststätte Seehaus, Ferchenbachstraße 209, Tel. 089/3 13 55 33, mit Bedienbereich, Kiosk mit SB-Biergarten (Mi Ruhetag). Ebenfalls an der Ferchenbachstraße, etwas weiter nördlich befindet sich Lechner's Seehäusl, ein Kiosk mit kleinem SB-Biergarten.

Fasaneriesee

Abfahrt ab Marienplatz: alle 20 Min.

Fahrzeit: 16 Min.

Fahrpreis: 1 Zone, 2 Streifen.

Vom Bahnhof entweder westlich der Bahn auf der Feldmochinger Straße nach Norden zum Westufer oder (ruhiger) östlich der Bahn auf der Mochostraße und der Toni-Pfülf-Straße nach Norden, dann nach links durch die Bahnunterführung zum Ostufer des Sees; beide Routen ca. 500 m.

Das Erholungsgebiet Fasaneriesee an der Feldmochinger Straße ist eine Einrichtung der Landeshauptstadt München. Es wurde 1976 an einem früheren Baggersee errichtet. Etwas weiter entfernt ist im Südosten mit ihren Häuserfronten die Stadtumgebung sichtbar. Rund um den See ist ein breiter Liegewiesenstreifen angelegt. Hier bieten inzwischen mächtige Bäume viel Schatten. Die Wasserwachtstation am Südufer vermittelt Sicherheit.

Die Ufer fallen zum Teil steil ab, sind aber an vielen Stellen abgeflacht und so auch für kleine Badegäste geeignet. Für Müllbehälter und Toiletten ist gesorgt, am Südwestzugang

Eine Tafel markiert die Fundstelle der bajuwarischen Reihengräber – Feldmochings erstem Friedhof.

Das Badeufer auf der Ostseite

gibt es sogar ein WC-Häusl mit Außendusche. Der sportlichen Erholung dienen 2 Tischtennisplatten, ein Basketballfeld und eine Bolzwiese. Auch eine Grillzone fehlt nicht. Zum Einkehren muss man ein Stückchen laufen: Die Gaststätte Fasaneriesee liegt ca. 100 m entfernt von der Nordostecke des Sees in der Kleingartenanlage. Ein Spazierweg führt rund um den See.

An der Nordostseite des Fasaneriesees fand man einst 600 bajuwarische Reihengräber aus dem 6. und 7. Jh. Eine Gruppe von Findlingen markiert die Stelle.

Lerchenauer See

Abfahrt ab Marienplatz: alle 20 Min.
Fahrzeit: 16 Min.
Fahrpreis: 1 Zone, 2 Streifen.

Auf der Mochostraße vom Bahnhof ein kurzes Stück nach Norden, dann nach rechts auf dem Fußweg durch die Wohnsiedlungen immer geradeaus. Bei der Kapernaum-Kirche überquert man die Lasallestraße und erreicht den See; ca. 500 m.

Das kleinste Gewässer der nördlichen Münchner „Seenplatte", ebenfalls eine Anlage der Landeshauptstadt München an einem ehemaligen Baggersee, hat nur eine Fläche von 8 ha. Seine Tiefe reicht bis etwa 7 m; das Wasser erwärmt sich darum meist schon früh. Die eher anheimelnde parkähnliche Anlage verfügt

Auf Stelzen halb im See steht die Terrasse des Seehofs.

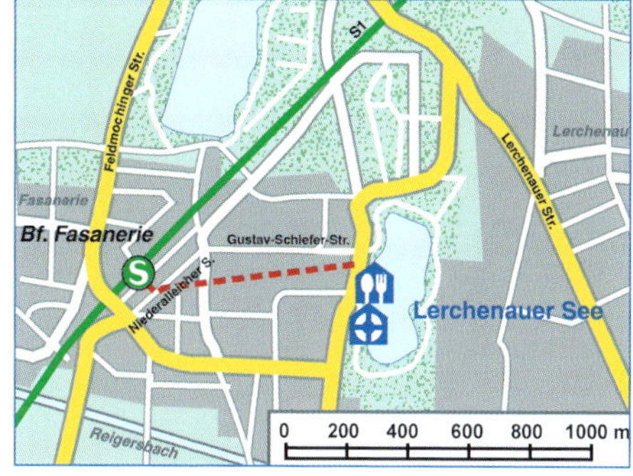

Hangwiesen am Südzipfel des Sees

über Müllkörbe und eine WC-Anlage mit Dusche (an der Nordwestecke). Rund um den trotz der Hochhäuser an der Nordseite idyllischen See führt ein Spazierweg mit Ruhebänken. Teilweise fallen die Ufer steil in den See ab. Im Süden befindet sich ein ausgedehnter, hügeliger Liegewiesenbereich und ein großer Kinderspielplatz. Hier gibt es auch eine Wasserwachtstation mit Motorboot. Für den Sport stehen ein Beachvolleyballplatz und zwei Tischtennisplatten bereit. Das Füttern der Wasservögel am See ist streng verboten. Bereits einmal war der See wegen zu großer Vogelpopulationen nahezu umgekippt.

Auf der Westseite liegt das Hotel/Restaurant Seehof Lerchenau (Tel. 089/1 50 10 35, ganzjährig geöffnet, kein Ruhetag) mit Seeterrasse, Kiosk und SB-Biergarten.

Wellenbad Germering

Abfahrt ab Marienplatz: alle 20 Min.

Fahrzeit: 24 Min.

Fahrpreis: 2 Zonen, 4 Streifen.

Adresse: Bertha-von-Suttner-Straße 3, 82110 Germering, Tel. 089/8 41 21 41.

Öffnungszeiten: während der Badesaison täglich 9–20 Uhr, Mo und Do ab 8 Uhr.

Eintritt: Erw. 3 €, erm. 2 €, ab 17 Uhr 2 € / 1,50 €.

Vom S-Bahnhof auf der Bahnhofstraße nach Süden und weiter geradeaus auf der Otto-Wagner-Straße bis zum Waldfriedhof. Dann immer nach Westen über Am Vogelherd, Rotkäppchenweg, Föhrenstraße, Theodor-Heuss-Straße zum Freibad (ca. 1,5 km). Reichlich Fahrradstellplätze vor dem Eingang.

Hauptattraktion der weitläufigen Anlage im Sport- und Freizeitzentrum Germering am westlichen Ortsrand ist das große Wellenbecken (jede halbe, bei schlechtem Wetter jede Stunde Wellenbetrieb). Sie bietet aber auch ein geräumiges Nichtschwimmerbecken mit breiter Wasserrutsche, ein achtbahniges 50-m-Sportbecken und ein Sprungbecken mit Turm (bis 10 m) und schließlich ein kleines Becken mit Massagedüsen sowie ein Planschbecken für die Kleinsten.

Das Wellenbecken ist der Hauptanziehungspunkt.

Das Nichtschwimmerbecken unter der Terrasse des Restaurants im Bad

Auf den großen Liegewiesen findet man auch bei starkem Andrang ein Plätzchen. Zwei Beachvolleyballfelder sind angelegt. Es gibt einen Kiosk mit Sitzgruppen und ein Restaurant (tägl. 11–23 Uhr) mit großer Dachterrasse, von der aus man das Badetreiben überschauen kann.

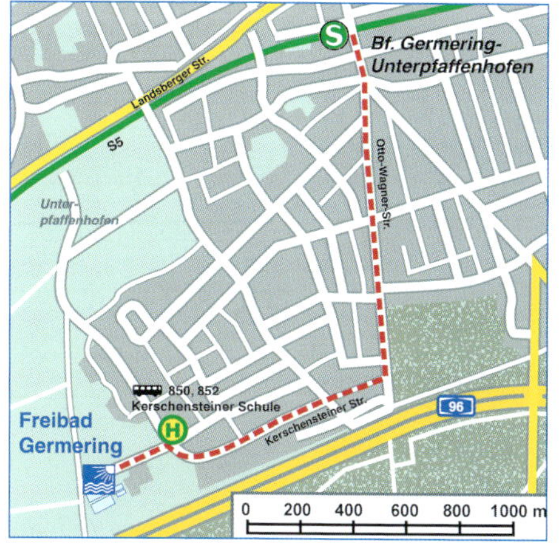

Germeringer See
(Erholungsgebiet Parsberg)

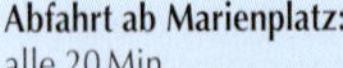

Abfahrt ab Marienplatz: alle 20 Min.

Fahrzeit: 24 Min.

Fahrpreis: 2 Zonen, 4 Streifen.

Am Ende des Bahnhofsplatzes nach rechts über die Landsberger Straße und weiter nach links auf der Salzstraße, dann auf der Allinger Straße (rechts) und dem Burgweg (geradeaus), ca. 2,3 km.

Im Nordwesten von Germering, am Ostrand der waldigen Anhöhe des Parsbergs liegt idyllisch das kleine Erholungsgebiet Germeringer See. Es ist eine Einrichtung des Vereins Erholungsgebiete, betreut von der Stadt Germering.

Der See, eher ein Weiher, ist nur 2,5 ha groß, rundum sind ca. 3 ha Liegewiesen angelegt. Seine geringe Tiefe von bis zu 6 m lässt das Wasser im Frühsommer rasch warm werden. Beliebt als „Badewanne" ist er darum schon lange. 1971 angelegt, wurde er 1976 erweitert, 2001 erhielt er noch einmal eine Verjüngungskur. Man findet hier die beim „Verein" übliche gute Ausstattung mit Müllton-

Idyllisches Badeufer an der Nordseite des kleinen Sees

nen, Notrufsäule und Rettungsringen. Dazu gibt es eine Wasserwachtstation, denn an heißen Tagen tummelt sich viel Volk im Wasser und auf den weitläufigen Liegewiesen der Uferzonen, auf denen viele hohe Bäume Schatten spenden. Der Nord- und zum Teil auch der Ostrand sind Biotop-Schutzzonen. Die Gesamtfläche der Anlage beträgt 10,5 ha.

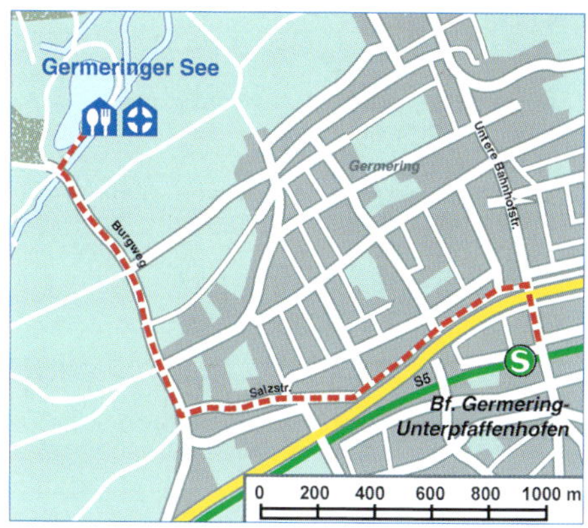

Am Südzipfel des Sees gibt es eine ganzjährig bewirtschaftete Gaststätte / Kiosk mit kleinem SB-Biergarten. An sportlichen Einrichtungen findet der Badegast Tischtennisplatten, einen Spielplatz mit Basketballkorb, einen Bolzplatz mit Toren, einen Kinderspielplatz mit Rutschen und Karussell. Grillplätze sind am Nordende angelegt.

Abstecher

Etwa 2 km sind es vom Germeringer See zur beliebten Ausflugsgaststätte Schusterhäusl im Wald des Erholungsgebiets Parsberg. Dort findet man nicht nur einen schönen Biergarten, sondern auch einen (Streichel-) Zoo, in dem man u.a. Wildschweine bewundern kann.

Langwieder See / Luß- und Birkensee

Abfahrt ab Marienplatz: alle 20 Min.

Fahrzeit: bis Lochhausen 19 Min.

Fahrpreis: 1 Zone, 2 Streifen.

Während der Sommersaison verkehrt ein Badebus vom S-Bahnhof Pasing ohne Halt zum Erholungsgebiet Langwieder See zum regulären MVV-Tarif (1 Zone, 2 Streifen, Fahrzeit 15 Min.). Diesen Service gibt es an heißen Tagen, wenn das Quecksilber die 24 °C-Marke erreicht, samstags, sonntags, an Feiertagen und in den großen Ferien im 40-Minuten-Takt zwischen 10 und 19 Uhr. Ob der Bus fährt, ist beim MVV-Info-Tel. 089/41 42 43 44 zu erfahren.

MVV: Sonderbuslinie ab Pasing; Fahrrad: vom S-Bahnhof Lochhausen in nördlicher Richtung auf der Langwieder Hauptstraße und weiter auf der Eschenrieder Straße geradeaus, dann über die Autobahn (A 8) und rechts auf der Kreuzkapellenstraße ins Erholungsgebiet; ca. 2,5 km.

Die „Seenplatte" im Münchner Westen ist seit vielen Jahren ein beliebtes Badeparadies der Münchner. In den letzten Jahren wurde es ausgebaut und erweitert. Zum Langwieder See kam der Lußsee hinzu, ebenso der etwas weiter nördlich gelegene Birkensee. Alle drei Seen

sind Relikte des Kiesabbaus für den Autobahnbau. Das Gebiet hat eine Größe von rund 120 ha, davon sind rund 40 ha Wasserfläche. Die vorbildliche Ausstattung mit Abfalltonnen, Notrufsäulen, Rettungsringen, öffentlichen Toiletten und Telefonen ist ebenso augenfällig wie nötig. An heißen Sommertagen finden sich hier oft die Badegäste zu Zehntausenden ein.

Auch Taucher finden ein lohnendes Feld für ihren Sport.

Durch das Gebiet und um die Badeufer ziehen sich Kieswege. Am Süd- und Nordende des Lußsees finden sich große Spielwiesen mit Beachvolleyballplätzen und große Kinderspielplätze mit Turn- und Spaßgeräten. Es gibt Bereiche für Taucher ebenso wie Schutzbereiche für Pflanzen, Fische und Wassergetier.

Das Rasthaus am Langwieder See (Kreuzkapellenstraße 89, Hotel, Restaurant, Café, Tel. 089/86 48 60, kein Ruhetag) mit Seeterrasse, großem Biergarten, Kiosk und Kinderspielplatz sowie zwei weitere Kioske mit Gartenplätzen versorgen Sonnenanbeter und Wasserratten.

Abenteuerspielplatz an der Nordseite des Lußsees

Freibad Gauting

Abfahrt ab Marienplatz: alle 20 Min.

Fahrzeit: 29 Min.

Fahrpreis: 2 Zonen, 4 Streifen.

Adresse: Reismühler Weg 9, 82131 Gauting, Tel. 089/89 31 45-0.

Öffnungszeiten: täglich ab 8 Uhr (Mi ab 10 Uhr), 18.5.–11.8. bis 21 Uhr, ab 12.8. bis 20 Uhr, 26.8.–15.9. bis 19 Uhr.

Eintritt: Erw. 4 €, erm. 2 €; 10er-Karte 31 € / 15 € (Automatenkasse).

Vom S-Bahnhof auf der Bahnhofstraße zur Starnberger Straße, dort nach rechts und an der Reismühlenstraße halb links, deren Verlängerung Reismühler Weg führt nach wenigen Schritten zum Bad, ca. 800 m.

Eine sehr schöne, freundliche Anlage an der Würm mit Liegewiesen und altem Baumbestand hinter dem vorgelagerten Beckenbereich. Vom Dach der Umkleidekabinen kann man wie von einer Aussichtsbrücke das Bad überschauen. Gleich beim Eingang gibt es

Die erfrischende Dusche wird schon mal zum Spielplatz.

Blick von der Galerie auf die Badelandschaft

einen Kinderspielplatz mit Bänken und Spielgeräten, einen Wasserspielplatz und ein großes Nichtschwimmerbecken mit Kinderrutsche, daran anschließend ein sechsbahniges Sportbecken mit abgeteiltem Sprungbereich (1 und 3 m) und Behindertenlift ins Wasser.

Das Dach der Warmumkleiden bildet eine große Terrasse mit Spielfeldern wie Bodenschach. Dahinter befindet sich noch ein kleines Aufwärmbecken. Zwei Tischtennisplatten und ein Beachvolleyballfeld vervollständigen das sportliche Angebot. Die angrenzende Gaststätte Römerbad (Mo Ruhetag, Tel. 089/8 50 40 44) bietet einen Kiosk mit Sitzgruppen und einen Bedienbereich.

Hallenbäder Haar

Abfahrt ab Marienplatz: alle 20 Min.

Fahrzeit: 18 Min.

Fahrpreis: 1 Zone, 2 Streifen.

Adressen: Hallenbad St. Konrad, Konradstr. 7, Tel. 089/46 72 56; Hallenbad Am Jagdfeld, Waldesluststr. 6, Tel. 089/46 82 80; 85540 Haar.

Öffnungszeiten: Mo–Fr einige Stunden nachm., Sa 8–15, So 8–12 Uhr (beide Bäder); geschlossen: St. Konrad Di, Am Jagdfeld Mi.

Eintritt: Erw. 2 € erm. 1,20 €, Saisonkarte 40 / 20 €.

Vom S-Bahnhof über den Bahnhofsplatz und weiter auf der Robert-Koch-Straße zur Friedrich-Ebert-Straße, dann weiter geradeaus durch die Schulanlage zum Konradbad, ca. 500 m. Das Jagdfeldbad erreicht man auf dem Weg durch die Bahnhofstraße (am Bahnhof rechts). Nach Überqueren der Wasserburger Straße liegt gleich rechts das Bad etwas zurückgesetzt in den Schulsportanlagen, ca. 700 m.

Gemütlichkeit und herrliche Wärme sind angesagt in den beiden Hallenbädern der Gemeinde Haar. Beide – jeweils im Untergeschoss – gehören zu den Schulkomplexen und

Die Schulhallen in Haar öffnen sich auch für schwimmfreudige Erwachsene.

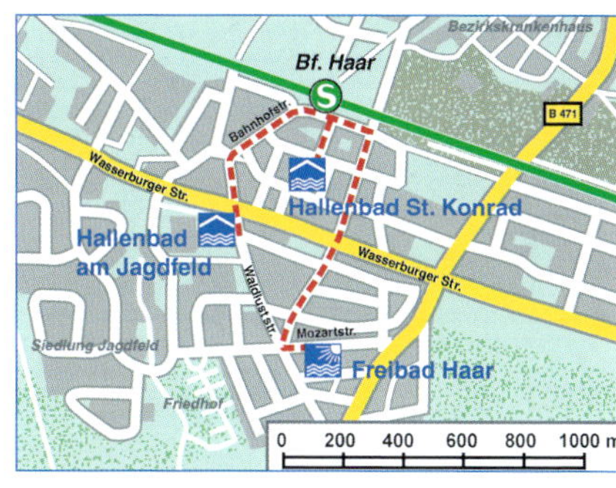

sind vor allem dem Schwimmsport der Schüler gewidmet, aber außerhalb der Schulsportzeiten auch für das allgemeine Publikum geöffnet. Besondere Attraktionen oder Wellness-Angebote bieten sie nicht, erfreuen sich aber guten Zuspruchs: Viele Badegäste schätzen gerade die angenehme Wärme und die Abwesenheit von Lärmen und Toben im Wasser. Das Jagdfeldbad ist mit einem wettkampfgerechten Becken (25 x 12,5 m, Startblöcke) das größere. Das intimere Konradbad misst nur 20 x 8 m, ist dafür ständig auf rund 30 °C erwärmt.

Sommerbad Haar

Abfahrt ab Marienplatz: alle 20 Min.

Fahrzeit: 18 Min.

Fahrpreis: 1 Zone, 2 Streifen.

Adresse: Freibadstraße 1, 85540 Haar, Info-Tel. 089/46 95 05.

Öffnungszeiten: tägl. 9–20 Uhr, bei Schlechtwetter 9–18 Uhr.

Eintritt: Erw. 2 €, erm. 1,20 €; 50-Punktekarte 38 € (Erw. 2, erm. 1 Punkt(e) pro Besuch, gültig für 2 Saisonen, übertragbar).

Vom S-Bahnhof Haar ein kurzes Stück auf dem Bahnhofsplatz nach links, dann südlich auf der Leibstraße, über die Wasserburger Straße hinweg weiter geradeaus auf der Ludwig-van-Beethoven-Straße, nochmals geradeaus ein kurzes Stück auf der Waldluststraße und nach links in die Freibadstraße, ca. 1 km.

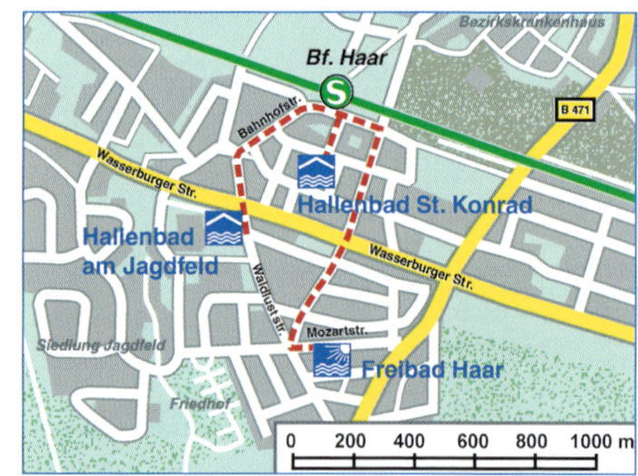

Das große Schwimmbecken im Freibad Haar

Die Kinderrutsche im Nichtschwimmerbereich

Schon über 60 Jahre in der Obhut der Gemeinde, aber noch älter ist das Familienbad Haar, in dem sich an heißen Tagen schon mal einige tausend Badegäste tummeln. Es gibt drei Becken, 48 bzw. 44,5 x 15 m groß, konstant um 24 °C warm, eines mit Sprungbrettern von 1 und 3 m, dazu ein 26 °C warmes Planschbecken mit Wasserspeier für die Kleinen. Die Liegewiesen, rund 600 x 60 m, weisen nur wenig Baumbestand auf, an heißen Tagen sollte man einen Sonnenschirm mitbringen. Ein Kiosk versorgt die Besucher mit allem, was man für einen gelungenen Badetag braucht. Ein Beachvolleyballfeld erlaubt sportliche Abwechslung.

Heimstettener See

Abfahrt ab Marienplatz: alle 20 Min.
Fahrzeit: 17 Min.
Fahrpreis: 1 Zone, 2 Streifen.

Vom Bahnhof auf der Raiffeisenstraße nach Westen zur Aschheimer Straße, dort rechts unter den Gleisen hindurch, dann erneut rechts auf der Seestraße zum Erholungsgelände, ca. 800 m.

Die ehemalige Kiesgrube aus den 30er-Jahren ist seit rund 30 Jahren zu einem schönen Erholungsgebiet im Münchner Osten ausgebaut. Die „Fidschi", wie sie bei den Anrainern heißt, ist eine Anlage des Vereins Erholungsgebiete und wird vom Landkreis München und der Gemeinde Heimstetten betreut. Der Badegast findet hier die übliche gute Ausstattung mit Abfalltonnen, Rettungsringen, Telefon und

Sanft abfallende Liegewiesen an der Nordseite

Ein Idyll am Seeufer mit Enten

öffentlichen Toiletten. Das Badedorado ist 23,6 ha groß, davon sind 11 ha Wasserfläche. Die weitläufigen Liegewiesen (7 ha) haben zum Teil Hanglage. Ein kleiner Teil des Geländes ist Biotop-Schutzzone. Umrunden kann man den See in Ufernähe auf einem Kiesweg.

Es gibt 2 Kinderspielplätze, 8 Tischtennisplatten und einen Bolzplatz. An der Nordseite liegt das Restaurant Gaststätte am See mit Kiosk und großem SB-Biergarten. Hier kann man den See und die ufernahen Wiesen überblicken (geöffnet bei schönem Wetter Mo–So, bei schlechtem Wetter nur nachmittags außer Mi und Do). An der Südseite kann man an einem Kiosk mit kleinem SB-Biergarten Hunger und Durst stillen. Hier unterhält auch die Wasserwacht eine Station und sorgt für die Sicherheit der an schönen Tagen vielen tausend Badegäste.

Während der Badesaison von Mitte Mai bis Mitte September sind Haustiere aller Art und offenes Feuer nicht erlaubt.

Der guten Wasserqualität ist ein beachtlicher Fischbestand im Heimstettener See zu verdanken.

Wer angeln möchte, wendet sich an den Eisenbahnersportverein, dessen Sportfischer sich die Fischrechte gesichert haben (Auskunft über Tel. 089/13 08–18 55 Eisenbahnersportverein).

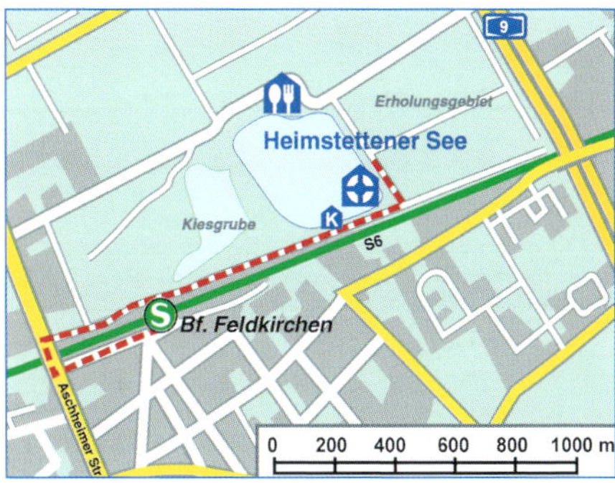

Umland

Freibad Freising

Abfahrt ab Marienplatz: alle 20 Min.

Fahrzeit: 42 Min.

Fahrpreis: 3 Zonen, 6 Streifen.

Adresse: Am Schwimmbad, 85356 Freising, Tel. 08161/8 46 04.

Öffnungszeiten: Mitte Mai–Mitte September, täglich 7–20 Uhr.

Eintritt: Erwachsene/ermäßigt 2,50/2 €, 10er-Karte 22,50/18,50 €.

Vom S-Bahnhof in nordöstlicher Richtung ein Stück auf der Ottostraße, dann rechts durch die Fußgängerunterführung unter den Gleisen und wieder links in die Parkstraße. Auf der Erdinger Straße (rechts) über die Isar, dann halb rechts auf der Straße Am Schwimmbad; ca. 1,3 km.

Das Freisinger Freibad ist eine kleine, aber feine, gepflegte Anlage der Bischofsstadt. Sie verfügt über großzügige Umkleiden und bietet vielfältige Möglichkeiten zum Toben im Wasser: ein Kinderplanschbecken, je ein

Die Beckenreihe am Eingangsbereich

Nichtschwimmer- und ein Schwimmerbecken, ein Sportbecken und ein separates Sprungbecken mit Höhen bis 5 m. Alle Becken sind beheizt, ca. 24 °C. Für Sport und Fitness gibt es ein Beachvolleyballfeld, einen asphaltierten Minitennisplatz, Tischtennisplatten und ein Basketballfeld, für Kinder einen Abenteuerspielplatz. Ein Restaurant mit Gartenterrasse und Kioskverkauf sorgt für Abhilfe bei Hunger und Durst.

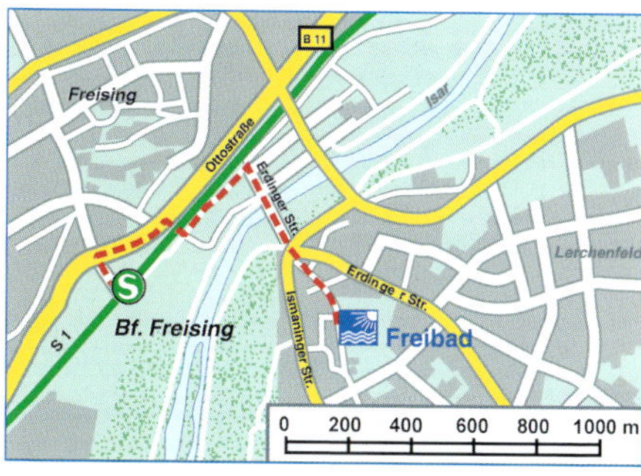

Stoibermühle

Abfahrt ab Marienplatz: alle 20 Min.

Fahrzeit: 42 Min.

Fahrpreis: 3 Zonen, 6 Streifen.

Abstecher in Freising: der Domberg mit Dom und Diözesanmuseum, Weihenstephan mit Hofgarten und dem Biergarten der ältesten Brauerei der Welt (seit 1020) und die schöne Barockkirche St. Peter und Paul des einstigen Prämonstratenserklosters Neustift.

Vom S-Bahnhof in nördlicher Richtung ein Stück auf der Ottostraße, dann rechts durch die Fußgängerunterführung unter den Gleisen hindurch und wieder links in die Parkstraße. Dann nach rechts auf der Erdinger Straße weiter bis St. Lantpert, dort halb links auf der Moosstraße unter der B 11a und über die A 92 zum Erholungsgebiet; ca. 6,5 km.

12,4 ha Wasserfläche, bis 9 m Wassertiefe, insgesamt ein Areal von knapp 20 ha, das sind die Eckwerte des Badeparadieses der Freisinger. Sein Ursprung ist der Kiesabbau für die Autobahn München – Deggendorf (1977–1980). Auch die Stoibermühle ist eine Einrichtung des Vereins Erholungsgebiete, betreut von der Stadt Freising. Darum findet man dort die gute Ausstattung mit Müllbehältern, Rettungsringen und öffentlichen WCs. Auf der Westseite hat eine Wasserwachtstation Posten bezogen und vermittelt Sicherheit an diesem beliebten und

Blick auf die Wasserwachtstation auf der Westseite

an heißen Tagen sehr belebten Badeplatz.

Ein breiter Liegewiesenstreifen säumt das auf 1,5 km ausgebaute Ufer auf der Nord-, Ost- und Westseite. Auf der Südseite ist das Ufer geschützte Biotopzone. Bade- und Surfbereich sind deutlich voneinander getrennt; außerhalb der Badesaison dürfen Surfer den ganzen See befahren. Auf einem Kiesweg kann man das Areal umrunden. Es gibt eine Reihe von Grillplätzen. Während der Badesaison (15. Mai bis 15. September) gilt ein Zutrittsverbot für Haustiere aller Art. An der Südseite kann man das Starten und Landen der Flugzeuge auf dem Airport beobachten. Auf der Westseite betritt man über eine Bachbrücke den angrenzenden Biergarten des Kiosks, den eine große Liegewiese mit einem Kinderspielplatz und einem Ballspielfeld umgibt.

Der Steg zum Kiosk mit Biergarten, Kinderspielplatz und weiteren Liegewiesen

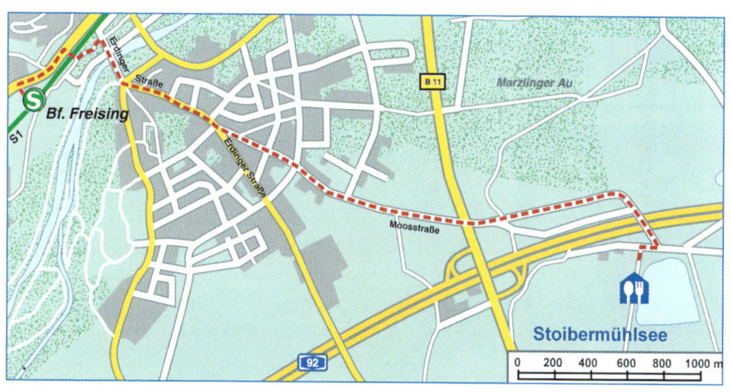

Neufahrner Mühlseen

Abfahrt ab Marienplatz: alle 20 Min.

Fahrzeit: 33 Min.

Fahrpreis: 3 Zonen, 6 Streifen.

Am S-Bahnhof Neufahrn durch die Unterführung und auf der Massenhausener Straße immer geradeaus nach Norden, über die A 92 hinweg (Fußgängerbrücke) zum Erholungsgebiet; ca. 1,3 km.

Der Bau der Autobahn nach Deggendorf hinterließ gleich drei offene Wunden in der Landschaft. Seit 1985 ist aus diesem Dreiseengebiet eine Erholungslandschaft vom Feinsten geworden. Träger ist der Verein Erholungsgebiete. Die Betreuung besorgt die Gemeinde Neufahrn.
Die Anlage umfasst zwei kleinere, mit vielen Büschen und Bäumen ringsum begrünte Naturseen (zusammen 3,6 ha), einen Surf- und Sportsee (Surfschule, Sportangeln, ca. 9 ha, bis zu 11 m tief), und einen Badesee von rund 4 ha mit 500 m ausgebautem Badeufer und reichlich Liegewiesen mit Bäumen und Sträuchern rundum. Insgesamt hat das Gebiet 16,6 ha Wasserfläche und noch einmal 14,4 ha Land.

Für die Kleinen: ein Sandstrand wie am Meer

Der Sportsee ist Surfern und Anglern vorbehalten.

Der Badebereich ist nach dem Vereinsstandard vorbildlich mit öffentlichem WC, Müllbehältern und Rettungsringen ausgestattet. Es gibt weitläufige Liegewiesen. Das Badegeschehen konzentriert sich auf das Nordende. Hier ist eine Wasserwachtstation eingerichtet.

Daneben betreibt der Mooswirt ganzjährig ein Restaurant mit Biergarten und einen Kiosk. Und hier gibt es auch einen seichten Sandstrand und einen Spielplatz mit Rutsche für Kinder. Auch ein Beachvolleyballplatz fehlt dabei nicht. Während der Saison herrscht allgemeines Hunde- und Grillverbot.

Der Lärm der nahen Autobahn wird durch einen 5 m hohen Schutzwall gemildert. Gegen den Lärm der noch nicht oder nicht mehr hoch schwebenden Flugzeuge ist kein Kraut gewachsen.

Freizeit- und Erholungsbad neufun

Abfahrt ab Marienplatz: alle 20 Min.

Fahrzeit: 33 Min.

Fahrpreis: 3 Zonen, 6 Streifen.

Adresse: Käthe-Winkelmann-Platz 4, 85375 Neufahrn, Tel. 08165/95 32-0.

Öffnungszeiten: Schwimmbad und Sauna (Mo nur Damensauna) Mi, Do 13–22 Uhr, Di 10–22 Uhr, Fr 9–22 Uhr, Sa, So, feiertags 9–20 Uhr.

Eintritt: Erwachsene/ermäßigt bis 1 Std. 3 € / 2,50 €, bis 2 Std. 4,50 € / 3,50 €, bis 4 Std. 7 € / 4,50 €, Tag 8 € / 5 €; Sauna: bis 3 Std. 9 €, Tag 11 €.

Vom S-Bahnhof auf gekennzeichnetem Fußweg ein Stück entlang den Gleisen nach Osten, dann nach rechts zum Galgenbachweg und auf diesem nach links zum Bad; ca. 1 km.

1994 griff die Gemeinde Neufahrn noch einmal tief ins Gemeindesäckl und verpasste ihrem 20 Jahre alten Bad, dessen Dach sich bei schönem Wetter öffnen ließ, eine Runderneu-

Einstieg zum Ausschwimmkanal ins Außenbecken

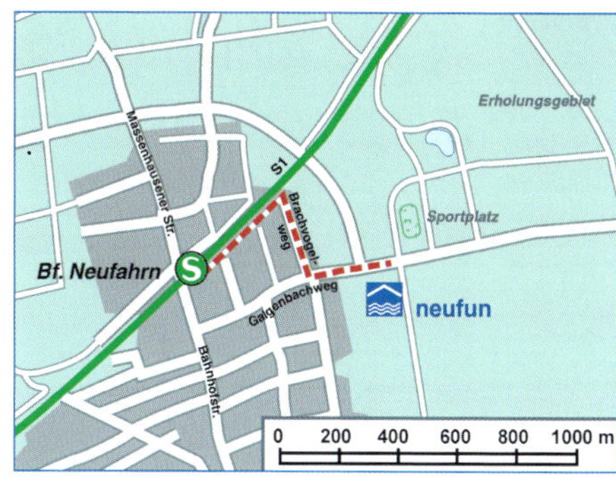

erung mit moderner Spaß- und Erlebnisausstattung: Im Freizeitpark am Nordostrand des Ortes entstand das neufun, heute ein Anziehungspunkt weit über die Gemeindegrenzen hinaus.

Es besitzt ein 25-m-Sportbecken (28 °C) mit Unterwasserbeleuchtung, ein Lehr- und Rutschbecken (0,8–1,3 m tief, 30 °C) – hier mündet die offene Riesenrutsche aus der zweiten Etage; außerdem ein Warmbecken (35 °C) mit Schwimmkanal zum Erlebnispool im Freien und einem Mutter-und-Kind-Bereich mit Planschbecken (dazu gehört auch ein Wickelraum). Im Außenpool gibt es einen Wasserpilz, Bodensprudler, Massagedüsen und am Abend eine stimmungsvolle Beleuchtung. Ausruhen vom Toben kann man auf bequemen Liegen am Beckenrand an der Gartenfensterfront oder auf der dreistufigen Wärmeliege an der Längsseite gegenüber. Eine Cafeteria versorgt hungrige und durstige Badegäste.

Die Rutsche vom Oberstock hat ein eigenes „Landebecken".

Im Bad integriert ist ein abgegrenzter Sauna- und Dampfbadbereich. Es gibt vier Saunaräume – ein Dampfbad (45 °C), eine Lichtsauna (60 °C), eine Aufgusssauna (75 °C) und eine Trockenkabine (80 °C), dazu einen Saunagarten mit Blockhaussauna (90 °C) mit allem, was dazu gehört: Tauchbecken, Schwallbrausen, Ruhezonen und natürlich eine Saunabar.

Echinger See

Abfahrt ab Marienplatz: alle 20 Min.

Fahrzeit: 30 Min.

Fahrpreis: 2 Zonen, 4 Streifen.

Vom Bahnhof nach Süden auf der Bahnhofstraße ins Ortszentrum, über die stark befahrene Untere Hauptstraße hinweg und auf der Heidestraße geradeaus zum Freizeitgelände und zum See; ca. 1,9 km.

Der Echinger See ist die drittgrößte Anlage des Vereins Erholungsgebiete. Vor über 20 Jahren wie viele andere aus einer Kiesgrube entstanden, bietet er die gute Ausstattung aller dieser Einrichtungen an Müllbehältern, Rettungsringen, Notrufsäulen, Ruhebänken und öffentlichen WCs. Der See hat eine Wasserfläche von 12,6 ha, dazu noch über 20 ha Landfläche. Etwas zurückgelegen gibt es große Spielwiesen und Sandspielplätze. Zu den Sporteinrichtungen gehören vier Tischtennisplatten und mehrere Beachvolleyballfelder.

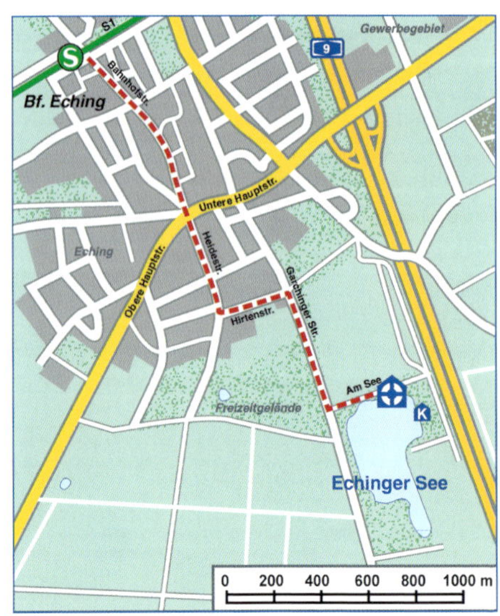

Für Sicherheit sorgt die Wasserwachtstation an der Nordostecke. Rund um den See und durch das Gelände führen Kieswege. Teile des Nord- und Südufers sind als Schutzzonen mit Schilfgürtel angelegt. Hier haben Enten, Haubentaucher und Blesshühner ein Zuhause. Der See ist bis zu 17 m tief. Die Ufer fallen z. T. steil in den See ab und sind an diesen Stellen nicht für Kleinkinder geeignet. Es gibt aber einen kinderfreundlichen, flachen Sanduferabschnitt. Die weitläufigen Liegewiesen (insgesamt rund 7 ha) bieten Plätze am Hang zum See ebenso wie ebene Flächen.

Flachwasserzonen bilden ein ideales Planschareal.

Schatten findet man unter alten Bäumen und eigens angepflanzten jungen Bäumen. Ein paar Schritte Richtung Westen ist das Erholungsgebiet durch einen Lärmschutzwall gegen die Autobahn abgeschottet (A 9), und die Flugzeuge, die den nahen Flughafen ansteuern oder dort starten, sind zu hoch, um das Badevergnügen zu stören.

Am Nordufer befindet sich ein Kiosk mit kleinem Biergarten.

Blick auf das Badeufer an der Ostseite

Unterschleißheimer See

Abfahrt ab Marienplatz: alle 20 Min.

Fahrzeit: 25 Min.

Fahrpreis: 2 Zonen, 4 Streifen.

Vom S-Bahnhof ein Stück nach Westen unterhalb der le-Cres-Brücke, dann nach rechts ins Klosterfeld. An der Hauptstraße ein paar Schritte nach rechts und auf dem Furtweg nach links über die Landshuter Straße und die Autobahn A 92 zum Erholungsgebiet; ca. 1,8 km.

Schon über 20 Jahre gibt es diese schöne Anlage des Vereins Erholungsgebiete. Sie wird vom Landkreis München und der Gemeinde Unterschleißheim betreut. Der See misst knapp acht Hektar und ist bis zu 14 m tief. Auf drei Seiten wird er von zum Teil breiten Liegewiesen mit vielen Bäumen und Sträuchern eingefasst. Zusammen noch einmal rund 6,5 ha – viel Platz für die Badelustigen, die oft zahlreich hierher kommen. Das südwestliche Ufer ist als Schutzzone Wasserpflanzen und -tieren vorbehalten.

Der Biergarten vor dem Seewirt

Das seichte Badeufer an der Westseite

Es gibt hier ein Wirtshaus, das Gasthaus zum Seewirt, mit Biergarten, Terrasse und Kiosk auf der Südwestseite (Furtstraße 92, Tel. 089/ 37 37 99). Gleich daneben liegt die Wasserwachtstation, die mit dem Motorboot jede Stelle des Sees in kürzester Zeit erreichen kann. Hier gibt es auch ein öffentliches Telefon. Auch an der Nordseite öffnet während der Badesaison ein Kiosk. Natürlich fehlt es nicht an WCs, Abfallbehältern, Rettungsringen und Ruhebänken.

Für sportlichen Freizeitspaß stehen Beachvolleyballfelder und Tischtennisplatten bereit.

Besonders kindefreundlich sind zwei Sandspielplätze und die flachen Kies-Sandstrände. Man kann stellenweise bis zu 50 m vom Ufer entfernt in seichtem Wasser waten.

Aquariush

Abfahrt ab Marienplatz: alle 20 Min.

Fahrzeit: 25 Min.

Fahrpreis: 2 Zonen, 4 Streifen.

Adresse: Helmut-Hermann-Weg 1, 85716 Unterschleißheim, Tel. 089/3 10 21 54.

Öffnungszeiten: Schwimmhalle Mo 9–16 Uhr, Di, Do, Fr 9–22 Uhr, Mi 7–22 Uhr, Sa, So, feiertags 8–20 Uhr; Mi u. Fr ab 18.30 Uhr Aquafitness, Di u. Mi Warmbadetag (ca. 32 °C); Sauna: Mo–Fr 9–22 Uhr, Mi ab 8 Uhr, Sa, So, feiertags 8–20 Uhr.

Eintritt: (1,5 Std.) Erw. 3 €, erm. (12–18 J. 2 €, 4–12 J. 1,50 €, Familienkarte 9,50 €; Sauna (3 Std.): 9 € / 7,50 € / 6 €.

Vom S-Bahnhof durch die Robert-Koch-Straße und den Meschendorfer Weg über die Münchner Straße hinweg zum Waldfriedhof, dort links, an dessen Südende erneut links zum Schulkomplex und noch ein kurzes Stück nach rechts zum Bad; ca. 1 km.

Von Grund auf neu aufgebaut hat die Stadt Unterschleißheim seit Mitte 2002 ihr Hallenbad im Sportpark und dem Freizeitbad auch gleich einen neuen Namen gegeben: Aquariush (mit dem Kürzel ush für Unterschleißheim am Ende). Der großzügige Komplex hat allerlei zu bieten: ein Sportbecken mit 6 Bahnen (25 x 15 m, bis 2 m tief), ein Sprungbecken (12 x 1 m, 3,55 m Wassertiefe) und einen Familienbereich mit Kinder- und Planschbecken. Im großen Becken gibt es Massagedüsen und

An „Action"-Tagen geht es hoch her in der Schwimmhalle.

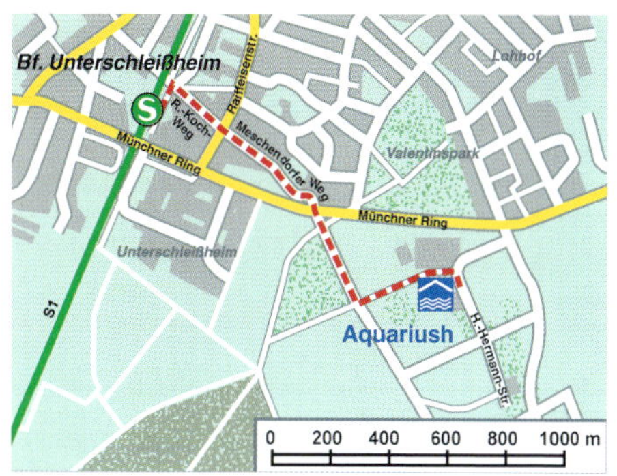

Sprudelsitze. Sonnenbräune kann man in drei modernen Solarien tanken. In einem Automatenbistro bekommt man Erfrischungen und Snacks. Im Sommer erweitert sich das Bad dann um den angrenzenden Außenbereich mit ausgedehnten Liegewiesen und einem Kinderspielplatz.

Im Aquariush ist auch eine Saunalandschaft integriert. Hier kann man zwischen finnischer Sauna, Blockhaussauna, Dampfbädern und Sanarium wählen. Abkühlung und Wechselbäder spenden Erlebnisduschen von „polar bis karibisch“. Kneippanlage und Saunagarten ergänzen das Angebot.

Waldschwaigsee

Abfahrt ab Marienplatz: alle 20 Min.

Fahrzeit: 18 Min.

Fahrpreis: 1 Zone 2 + 1 (Radl) Streifen.

Vom S-Bahnhof geht es auf dem Föhrenweg nach Westen, dann ein kurzes Stück nach links auf dem Ulmenweg und wieder nach rechts auf dem Birkenweg. An dessen Ende rechts in den Lärchenweg, dann links auf dem Ahornweg zum Gündinger Weg. Von dem zweigt nach etwa 100 m rechts der Waldschwaigweg ab, der zum See führt; ca. 4,5 km.

Am Waldschwaigsee ist kein Platz für Surfer und Motorboote.

Der Seebereich ist ein kleines, schön gelegenes Erholungsgebiet der Gemeinde Karlsfeld (teilweise Naturschutzgebiet) mit altem Baumbestand. Entstanden ist er durch Kiesgewinnung für den Straßenbau. Waldige Liegewiesen bilden einen manchmal schmalen Uferstreifen. Der See ist bis zu 12 m tief, darum kalt, und hat teilweise steil abfallende Ufer. Die bewaldete kleine Insel bietet vielen Vogelarten Zuflucht (Wildgänse). Während der Badesaison gibt es einen mobilen Kiosk mit Tischen und Bänken. Haustiere haben während der Badesaison keinen Zutritt. Auch für Surfer und Motorboote aller Art ist der See tabu.

Am nördlichen Badeufer geht es oft recht lebhaft zu.

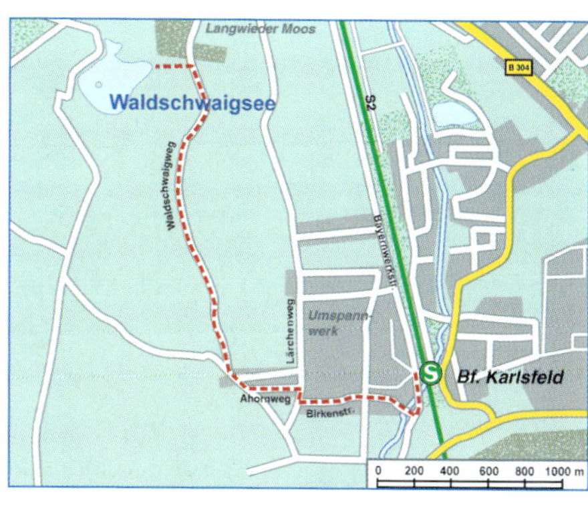

Hallenbad Dachau

Abfahrt ab Marienplatz: alle 20 Min.

Fahrzeit: 22 Min.

Fahrpreis: 2 Zonen, 4 Streifen.

Adresse: Am Alten Wehr 1, 85221 Dachau, Tel. 08131/35 08 17.

Öffnungszeiten: Mo, Di, Do, Fr 13–21 Uhr, Mi 13–19 Uhr, Sa 8–16 Uhr, So 8–12 Uhr. Sauna: Mo–Fr 8–21 Uhr (Do bis 22 Uhr), Sa 8–17 Uhr, Mo u. Do Damen, Mi vormittag Herren.

Eintritt: Erwachsene 2 €, erm. 1 €, 10er-Karte 16 € / 7 €; Sauna (Tel. 08131/35 43 02): 9,20 €.

Vom S-Bahnhof auf der Bahnhofstraße und weiter auf der Schillerstraße und deren Verlängerung Ludwig-Dill-Straße nach Westen. An deren Ende liegt rechts, etwas zurückgesetzt das Hallenbad; ca. 1,6 km. Die Busse der Linie 720 halten am Bad.

Während das Dachauer Sommerbad ein großzügiges, modernes Outfit erhält, spiegelt das nur während der kalten Jahreszeit geöffnete städtische Hallenbad noch Funktionalität und Anspruch der 70er-Jahre wider (Baujahr 1972). Man geht zwei Treppen hinauf zur Eingangshalle, die auch eine Cafeteria mit großen Fenstern zum Badegeschehen und einer Außenter-

Hinein ins nasse Vergnügen!

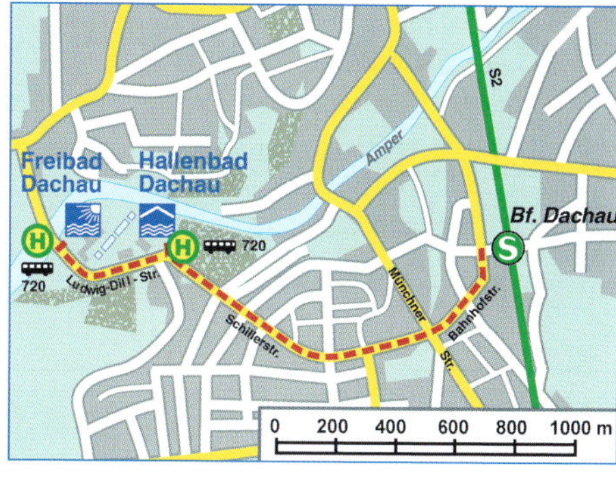

rasse einnimmt. Unter der großen Fensterfront füllt das 25-m-Sportbecken mit Startblöcken den hohen Raum, daran schließt sich – in einem niedrigeren Anbau mit Fensterfront zum angrenzenden Park des Sommerbades – ein Nichtschwimmerbecken an. Ein Teil der Betriebszeiten ist dem Schul- und dem Vereinssport vorbehalten.
In einem separaten Bereich des Gebäudes ist eine Sauna mit medizinischem Bäderangebot eingerichtet (verpachtet an einen privaten Betreiber, Tel. 08131/66 73 12).

Sommerbad Dachau

Abfahrt ab Marienplatz: alle 20 Min.

Fahrzeit: 22 Min.

Fahrpreis: 2 Zonen, 4 Streifen.

Adresse: Ludwig-Dill-Straße 58, 85221 Dachau, Tel. 08131/35 08 24.

Öffnungszeiten:
20. Mai–15. September,
bis 31. Mai 9–20 Uhr,
bis 1. September 8–20 Uhr,
ab 2. September 9–19 Uhr.

Eintritt: Erwachsene Tageskarte mit Kabine 3 €, mit Wechselkabine 2 €, ermäßigt 1 €, Saisonkarte Erw. Kabine 60 €, Wechselkabine 20 € / 8 €.

Vom S-Bahnhof auf der Bahnhofstraße und weiter auf der Schillerstraße und deren Verlängerung Ludwig-Dill-Straße nach Westen, ca. 2 km. Kurz vor der Amperbrücke ist der Badeingang; ca. 1,8 km. Davor gibt es ausreichend Radlstellplätze. Die Busse der Linie 720 halten am Bad.

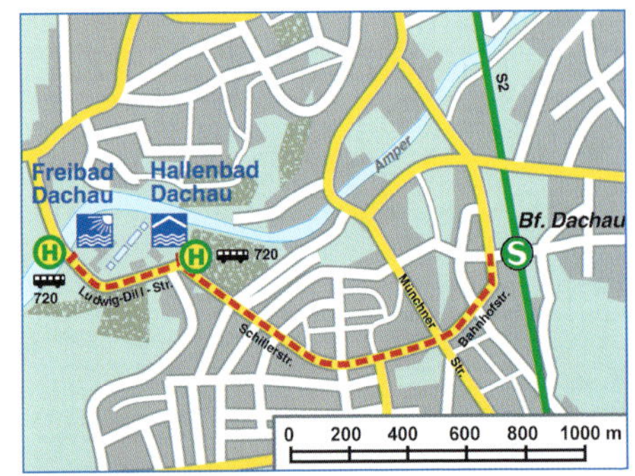

Das Sprungbecken am Ende des achtbahnigen Sportbeckens

Die großzügige Anlage mit weiten Liegewiesen und schönem altem Baumbestand wurde 2002 vollständig erneuert. Es gibt ein Kinderplanschbecken, ein Nichtschwimmerbecken mit Wasserrutschen, ein achtbahniges Sportbecken und ein eigenes Sprungbecken mit 1- und 3-m-Brettern. Ein Paradies für Kinder ist der Abenteuerspielplatz mit vielen Turn-, Kletter- und Balancegeräten. Eine separate Spielwiese erlaubt auch Ballspiele. Auf der geräumigen Terrasse des neu gestalteten Cafés beim Sprungbecken kann man bei Imbiss und Erfrischungsgetränk dem Badetreiben zuschauen.

Kinderrutschen am Nichtschwimmerbecken

Emmeringer See

Abfahrt ab Marienplatz: S 8 und S 4 alle 20 Min.

Fahrzeit: 29 Min. bis Gernlinden; 26 Min. bis Fürstenfeldbruck, der Bus braucht weitere 10 Min.

Fahrpreis: 2 Zonen, 4 Streifen.

Mit dem Radl: Auf der Bahnhofstraße und weiter auf der Brucker Straße nach Süden. Dann nach links auf der Maisacher Straße über die Autostraße (B 471) und noch ein kurzes Stück auf der Schlossstraße nach links (Richtung Emmering/Fürstenfeldbruck).

Der kleine, anheimelnde, fast rechteckige See, eine frühere Kiesabbaugrube, ist Freizeitgelände der Gemeinde Emmering, die auch Pflege und Unterhalt trägt. Während der Badesaison (1. Mai bis 30. September) haben Haustiere aller Art keinen Zutritt. Für Surfer ist der kleine See tabu. Der See ist ringsum von fla-

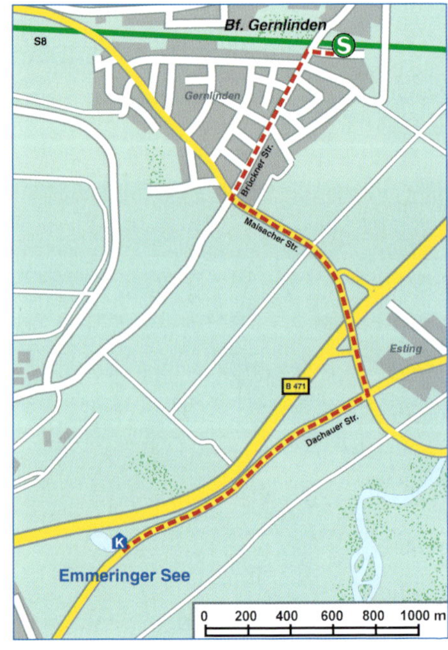

Die Südseite des kleinen Badesees.

chen Hangwiesen mit einigem Baumbewuchs umgeben. An der Südseite der Anlage zur Straße hin angeordnet befindet sich ein kleiner Kinderspielplatz mit Rutsche und Schaukel sowie ein Kiosk mit einem kleinen Biergarten (Selbstbedienung). Während der Badesaison steht ein Mobil-WC zur Verfügung. Auf den Liegewiesen am Seeufer gibt es Ruhebänke, Müllcontainer und Umkleide-Paravents.

Hier steht auch der Kiosk mit seinem Mini-Biergarten.

Olchinger See

Abfahrt ab Marienplatz: alle 20 Min.

Fahrzeit: 24 Min.

Fahrpreis: 2 Zonen, 4 Streifen.

Vom S-Bahnhof nach rechts durch die Unterführung auf der Feursstraße, dann rechts in die Daxerstraße einbiegen, an deren Ende weiter nach links auf der Max-Reger-Straße und halb rechts auf der Neufeldstraße zum See; ca. 1,8 km.

Dem Kiesabbau für die Eisenbahn bis in die 40er-Jahre verdankt der Olchinger See seine Entstehung. Seit 1969 sind See und Uferbereich eine Einrichtung des Vereins Erholungs-

Am West- und Südufer geht es nur auf kleinen Durchlässen ins Wasser.

gebiete, betreut vom Landkreis Fürstenfeldbruck und der Gemeinde Olching. Er hat eine Wasserfläche von über 14,3 ha und ist im Schnitt 6 m tief. Rund um den See sind 5,3 ha große Liegewiesen mit Bäumen und Sträuchern angelegt, zusammen mit den Schutzzonen noch einmal rund 10 ha Fläche. Auf einem asphaltierten Weg kann man den See umrunden. Es fehlt nicht an Abfallbehältern sowie Rettungsringen, öffentlichen WCs, Fahrradständern und Ruhebänken am Ufer.

Am belebten Ostufer gibt es zwei Kioske.

Seegarten und Seeschänke sind zwei Kioske mit kleinen SB-Biergärten auf der Ostseite, die die hungrigen und durstigen Badegäste versorgen. Sportlich austoben kann man sich an zwei Pingpongtischen und auf einem Ballspielplatz mit Basketballkorb.

Baden kann man überall, nur an der Südostseite gibt es einen geschützten Biotopbereich. Behinderten kommt eine Rollstuhl-Einstiegshilfe und eine eigene Umkleideecke entgegen. Auf die Sicherheit der an heißen Tagen oft vielen tausend Erholungssuchenden hat die Wasserwacht von ihrer Station mit Motorboot auf der Südwestseite ein wachsames Auge.

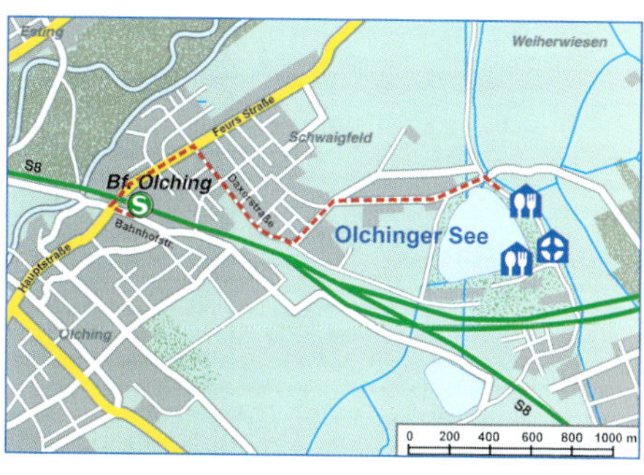

Amperoase

Abfahrt ab Marienplatz: alle 20 Min.

Fahrzeit: 25 Min.

Fahrpreis: 2 Zonen / 4 Streifen.

Adresse: Klosterstraße 7, 82256 Fürstenfeldbruck, Tel. 08141/31 28–0.

Öffnungszeiten: Sommerbad: Mitte Mai–September 9 Uhr (Mo 11 Uhr)–20 Uhr (Mai und September bis 19 Uhr). Hallenbad: Mo, Di, Do ab 13 Uhr, Mi u. Fr 10 Uhr, Sa u. Do 9 Uhr. Schluss ist Mo 17 Uhr, Di, Sa, So 18 Uhr, Fr 20 Uhr, Mi, Do 21 Uhr. Sauna: Mo 13 Uhr, Di–So 8 Uhr bis Mo–Fr 21 Uhr, Sa 20 Uhr, So 18 Uhr.

Eintritt: Sommerbad: Mai u. Sept. Erw. 2,05 €, erm. 1,28 €, Juni–August 3,32 €, erm. 2,05 €; Hallenbad: 2 Std. Erw. 2,56 €, erm. 1,53 €; Tageskarte 3,32 € / 2,05 €; Sauna: Einzelkarte: 7,16 €, Tageskarte 9,20 € (inkl. Schwimmhalle).

Vom S-Bahnhof auf der Bahnhofstraße nach Westen zur Oskar-von-Miller-Straße, dort links weiter geradeaus auf der Verlängerung Fürstenfelder Straße. Dann auf der Klosterstraße nach rechts über die Amper, wieder nach rechts und noch einige Schritte zum Badeingang; ca. 1,5 km.

Die Amperoase der Stadtwerke Fürstenfeldbruck ist eine Kombination von Freibad und ganzjährig geöffnetem Hallenbad. Die Anlage ist in die hübsche Auenlandschaft der Amper eingebettet. Im Freien gibt es ein 50-m-Freizeitbecken (beheizt) mit Massagedüsen und integriertem Nichtschwimmerrondell, ein Kinderplanschbecken mit Wasserspeier und Sonnenplätzen am Beckenrand.
Der Badegast findet ausgedehnte Liegewiesen

Der großzügige Kinderbereich mit vielen Wasserspielen

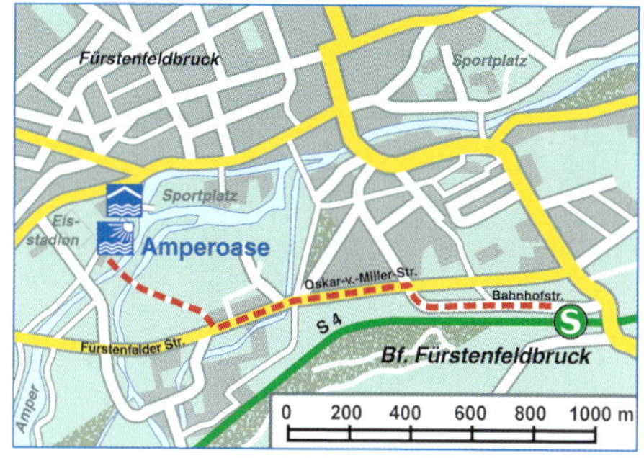

Die Schnecke der Riesenrutsche endet im Hallenbad in einem eigenen Landebecken.

und Platz für Spiel und Sport: Beachvolleyball, Badminton und Tischtennis. Die Schwimmhalle wartet mit viel Vergnügen auf: eine 75 m-Wasserrutsche, Whirlpool, Wasserspielgarten, Wintergarten und zwei Becken zum Schwimmen und Toben. Zum Bad gehört ein Schwitzbad mit finnischer Sauna, Dampfbad, Blockhaussauna, Ruhezonen und Freiluftbereich.

Pucher See

Abfahrt ab Marienplatz: alle 20 Min.

Fahrzeit: 26 Min.

Fahrpreis: 2 Zonen, 4 Streifen.

Öffnungszeiten: 1. Mai–30. September täglich 6–24 Uhr.

Eintritt: frei. Für Hunde kein Zutritt.

Vom S-Bahnhof auf der Bahnhofstraße und der Fürstenfelder Straße zur Hauptstraße, an deren Ende auf der Pucher Straße, dann nach rechts auf der Puchermühlstraße, weiter geradeaus auf der Theodor-Heuss-Straße und dem Herrenweg nach Nordwesten, schließlich unter der Augsburger Straße (B 2) hindurch zum Erholungsgebiet; knapp 4 km.

Nicht wegen seiner Größe, eher wohl wegen seines schönen blauen Wassers hat dieser Badeplatz im Westen der Landeshauptstadt den Namen „Pucher Meer" bekommen. Er ist eines der wenigen Baggersee-Erholungsgebiete, an denen noch Kies abgebaut wird. Seit 1997 sind der See und die abfallenden Uferbereiche vom Verein Erholungsgebiete zu einer ansehnlichen Freizeitoase umgestaltet worden, rund 14 ha groß, davon etwa 5,5 ha Wasserfläche. Beim weiteren Ausbau werden noch einmal 12 ha dazu kommen. Die Betreuung hat die Stadt Fürstenfeldbruck übernommen. Die 3,4 ha Liegewiesen der ersten Anlage sind vor-

An der Nordseite des Sees wird noch Kies abgebaut.

Die Liegewiese bei der Wasserwachtstation

bildlich mit Müllbehältern, Bänken am Ufer und Palisaden-Umkleiden ausgestattet. Auch ein Beachvolleyballplatz wird schon eifrig genutzt. Für kleine Badegäste wurden ursprünglich steil abfallende Uferstrecken abgeflacht, und auch eine Wasserwachtstation wurde eingerichtet.

Über dem Südufer hat sich im Pavillonstil das Restaurant Der Leuchtturm mit Kiosk, kleinem SB-Biergarten mit herrlichem Seeblick, öffentlichem WC und Umkleiden etabliert.

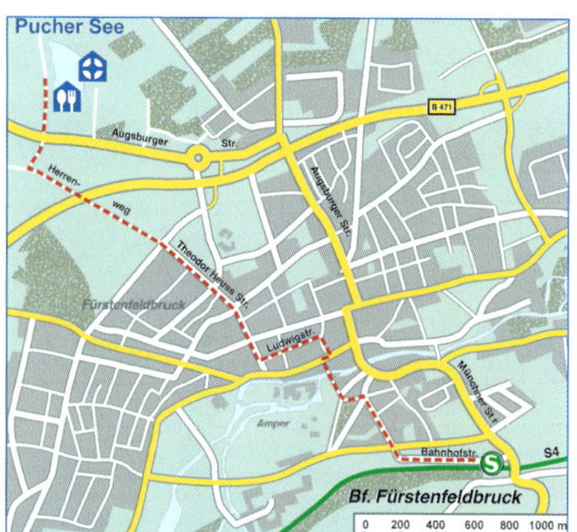

Sommerbad Maisach

Abfahrt ab Marienplatz: alle 20 Min.

Fahrzeit: 32 Min.

Fahrpreis: 2 Zonen, 4 Streifen.

Adresse: Am Bad 1, 82216 Maisach, Tel. 08141/9 59 21.

Öffnungszeiten: 15. Mai–15. September, täglich 10–20 Uhr.

Eintritt: Erw. 3 €, erm. 2 €, Automatenkasse.

Vom S-Bahnhof auf der Bahnhofstraße und der Kirchenstraße am Friedhof vorbei zur Hauptschule. Dort ein kurzes Stück weiter nach Norden auf der Schulstraße, dann nach rechts zum Bad. Davor gibt es Abstellplätze für Fahrräder, ca. 1 km.

An der Riesenrutsche muss man meist Schlange stehen.

Das Sportbecken des Freibads

Eine überschaubare, einladende, familiengerechte Anlage ist das Maisacher Sommerbad. Hauptattraktion ist eine Riesenrutsche am großen Schwimmbecken. Für Kinder gibt es außer dem Planschbecken einen Spielplatz mit allerlei Spielgeräten. In die baumbestandenen Liegewiesen sind Tische mit Bänken für gemütliche Runden integriert. Ein kleines Basketballhalbrund, zwei Tischtennisplatten und ein Beachvolleyballfeld runden das sportliche Angebot ab. Ein SB-Kiosk mit Gartentischen beim Eingang versorgt die Badegäste. Hier finden sich auch Toiletten und Telefon. Die Badeaufsicht residiert in einem erhöhten kleinen Pavillon am Sportbecken. Eintrittskarten gibt es nur am Automaten.

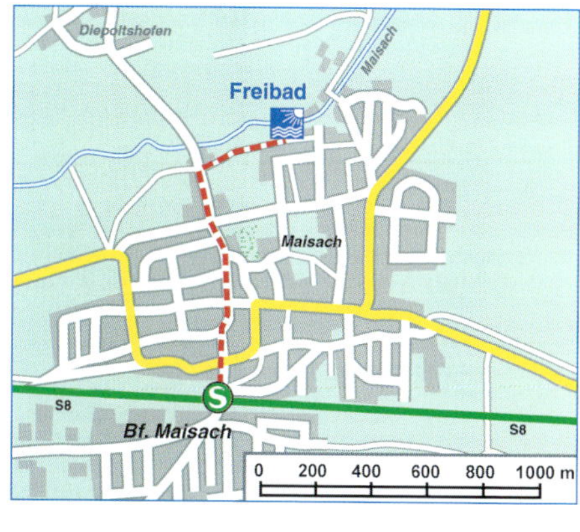

Freizeitzentrum Mammendorf

Abfahrt ab Marienplatz: alle 40 / 60 Min.

Fahrzeit: 40 Min.

Fahrpreis: 3 Zonen 6 Streifen.

Adresse: Freizeitzentrum 3, 82291 Mammendorf, Info-Tel. 08145/9 43 63.

Öffnungszeiten: Mai u. Sept. tägl. 10–19 Uhr, Juni–August tägl.10–20 Uhr, Sa / So / feiertags ab 9 Uhr.

Eintritt: Erw. 3,50 €, erm. 1,50 €, 20-Punkte-Karte 26 € (Erw. 2, erm. 1 Punkt/Besuch).

Vom S-Bahnhof Nannhofen auf der Bahnhofstraße nach Mammendorf zur Malchinger Straße und weiter geradeaus auf der Eichenstraße, über die B 2 hinweg und auf der Aicher Straße zum See; ca. 1,8 km.

Hangwiesen rahmen den für die Anlage abgetrennten Seeteil. Im Vordergrund: das Landebecken der gelben 170-Meter-Rutsche.

Am Mammendorfer See, einer ehemaligen Kiesgrube, liegt dieses großzügige Freibad des Landkreises Fürstenfeldbruck. Der See selbst hat eine Größe von rund 4,5 ha. Das Freibad wurde 1985 eröffnet. Zu ihm gehören ein Sportbecken mit sechs Bahnen, ein Nichtschwimmerbecken mit Kinderrutsche und Dreifachrutsche mit einem Wasserpilz davor, ein Strömungskanal, eine Luftsprudelanlage und als Riesenattraktion eine über 170 m lange, vielfach gewundene Rutsche von einem Hügel über der Anlage aus, die in einem eigenen Landebecken endet. Alle Becken sind beheizt. Baden kann man auch im See, von dem für das Bad ein Teil durch eine Fußgängerbrücke abgeteilt ist. An dem sanft abfallenden Hang über diesem Seebecken mit Flachwasser-Planschbereichen und Sandstrand bieten die Liegewiesen viel Platz und Überblick. Fürs leibliche Wohl sorgen zwei Kioske mit Terrasse bzw. kleinem Biergarten. Für Kinder gibt es außerdem einen Spielplatz mit viel Sand zum Buddeln.

Erholungsgelände Mammendorf

Abfahrt ab Marienplatz: alle 40 / 60 Min.

Fahrzeit: 40 Min.

Fahrpreis: 3 Zonen, 6 Streifen.

Vom Bahnhof auf der Bahnhofstraße nach Mammendorf zur Malchinger Straße und weiter geradeaus auf der Eichenstraße, über die B 2 hinweg und auf der Aicher Straße zum Freibad; ca. 1,8 km.

Gleich neben dem Freizeitzentrum des Landkreises Fürstenfeldbruck am Mammendorfer See (rund 4,5 ha Wasserfläche, Wassertiefe bis zu 8 m, 1,5 km ausgebaute Ufer) hat der Verein Erholungsgebiete eine über 12 ha große Erholungslandschaft eingerichtet. Am Nordufer gibt es weitläufige Liegewiesen (ca. 2,5 ha groß) mit Ruhebänken und Sitzgruppen, dazu die gewohnt gute Ausstattung mit Müllkörben und Rettungsringen. Zum Westufer hin gelegen hat die Wasserwacht eine Rettungsstation eingerichtet.
Das südliche Ufer ist für Biotope und Schutzbereiche vorgesehen. Um die Anlage herum führt ein Kiesweg, davon ein kurzes Stück über

Blick über den See zur Wasserwachtstation

Auch ein Plätzchen ganz für sich allein kann man finden.

den überdachten Steg, der einen kleinen Teil des Sees für die Freizeitanlage des Landkreises abtrennt.

Ein Kiosk öffnet sich auch zu dieser Seite auf eine über Treppen erreichbare Terrasse mit einigen Biergartenplätzen.

Strandbad Pilsensee

Abfahrt ab Marienplatz:
alle 20 Min.
Fahrzeit: 43 Min.
Fahrpreis: 3 Zonen, 6 Streifen.

Auf der Bahnhofstraße zur Inninger Straße, dort nach links, hinter der Bahnbrücke nach rechts auf dem Seeweg zum Bad; ca. 1 km.

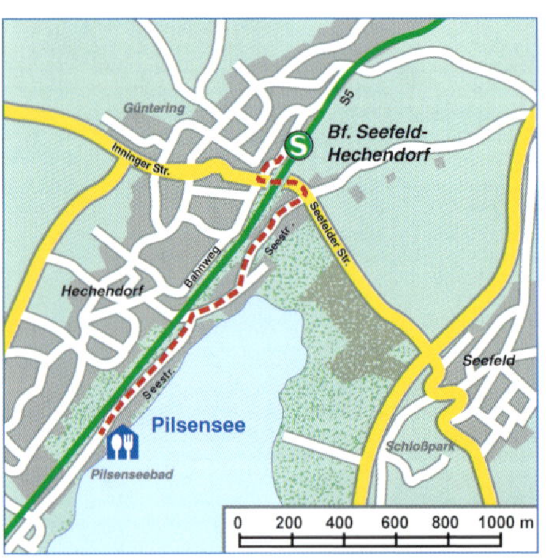

Der Pilsensee ist der zweitkleinste des Fünfseenlands. Er misst rund 195 ha und ist an manchen Stellen 30 m tief. Sein südlicher Bereich mit dem angrenzenden Verlandungsbereich des Herrschinger Moos ist Naturschutzgebiet. Ein kleines, aber feines, meist ruhiges Strandbad der Gemeinde Seefeld liegt am oberen Westufer des Pilsensees.

Man findet hier eine schöne, leicht zum See hin geneigte Liegewiese. Das befestigte, seichte und darum für Kinder

Badestege überbrücken den flachen Uferbereich.

Ein Plätzchen zum Sonnenbaden – die Liegewiese

ideale Ufer säumen alte Schattenbäume. Es gibt links vom Eingang hölzerne Umkleidekabinen, einen Badesteg, einen kleinen Kinderspielplatz und sogar eine Dusche am Ufer. Der Eintritt ist frei. Hunde dürfen nicht ins Bad.

Fürs leibliche Wohl sorgt La Pineta, Restaurant und Pizzeria, oberhalb der Liegewiese mit einer schönen Gartenterrasse und Blick auf das Badegeschehen und den See.

Strandbad Pilsensee Ost

Abfahrt ab Marienplatz: alle 20 Min.

Fahrzeit: 43 Min.

Fahrpreis: 3 Zonen, 6 Streifen.

Auf der Bahnhofstraße zur Seefelder Straße. Dort links unter der Bahn hindurch und weiter bis zur Kreuzung, dann nach rechts auf der Seefelder Straße. An der Einfahrt zum Campingplatz wieder nach rechts zum Kassenhäuschen und zum See; ca. 800 m.

Öffnungszeiten: ganzjährig unbeschränkt.

Eintritt: zum Strandbad nur bei Badewetter Erw. 1,60 €, erm. 0,80 €.

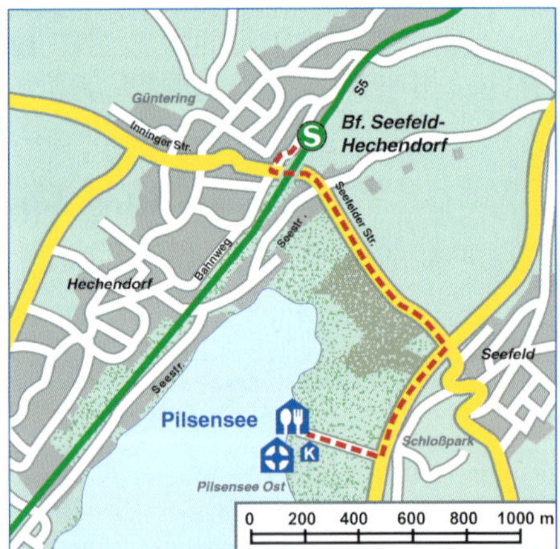

In den Morgenstunden finden sich auch Wasservögel am Badesteg ein.

Die Kunst, ein Segel zu führen, hier kann man sie erlernen.

Ein schöner großer Wiesenstreifen mit einer großen Anzahl hoher Schatten spendender Bäume trennt den Campingplatz des Camping Erholungsvereins Bayern e. V. vom Seeufer. Dieser Badebereich steht zwar auch Nichtcampern offen, ist aber dafür gebührenpflichtig, man zahlt am Eingang zum Campingplatz.

Der Badegast findet hier außer den gepflegten Liegewiesen auch Badestege. In einem eigenen Bereich gibt es Grillplätze mit Sitzgruppen, Spielwiesen, zahlreiche Turngeräte, Tischtennisplatten und einen Kinderspielplatz. Am Nordende der Anlage liegt die Gaststätte Pilsensee mit dem Seestüberl (Tel. 08152/7 93 47). Zum Wirtshaus gehört das öffentliche WC. Außerdem gibt es gleich nebenan einen Kiosk mit kleinem Biergarten. Hier hat auch die Wasserwacht mit einer Station Stellung bezogen. Daneben kann man in einer Surfschule den Umgang mit dem Segelbrett erlernen.

Das Gelände steht in der Obhut des Grafen zu Toerring. Hunde müssen an die Leine.

Einige hundert Meter weiter ist das Baden dagegen kostenlos. Hier hat der Verein Erholungsgebiete den Freizeitbereich Pilsensee Ost eingerichtet. Er ist rund 1,5 ha groß, davon sind 0,8 ha Liegewiesen mit etwa 500 m Ufer. Es gibt einen Verkaufskiosk mit kleinem Biergarten, einen Sandspielplatz, Tischtennisplatten und einen Surfbereich. Betreut wird das Gebiet vom Landkreis Starnberg und der Gemeinde Seefeld.

Nach dem Badevergnügen ist Schloss Seefeld einen Abstecher wert: Es liegt oberhalb des Seeufers – nur ein paar Schritte entfernt. Ein Teil des Schlosses ist eine Dependance des Völkerkundemuseums mit sehenswerten Dauerausstellungen und Sonderschauen. Großer Beliebtheit erfreut sich auch der Biergarten der Schlossgaststätte im Schlosshof.

Strandbäder Raabe und Fleischmann

Abfahrt ab Marienplatz: alle 20 Min.

Fahrzeit: 48 Min.

Fahrpreis: 3 Zonen, 6 Streifen.

Adresse: Seepromenade 1, 82237 Wörthsee, Tel. 08153/99 03 66.

Öffnungszeiten: tägl. 9–20 Uhr.

Eintritt: frei.

Vom Bahnhof auf dem Fußweg zur Hauptstraße hinunter, dann nach links auf dem Moosbichlweg und weiter geradeaus auf dem Birkenweg zum See und ein kleines Stück nach rechts auf der Seepromenade zu den Strandbädern; ca. 1,3 bzw. 1,5 km.

Wer gern Badevergnügen und Biergarten miteinander verbindet, ist in einem der beiden privaten Strandbäder in Steinebach gut aufgehoben. Das Strandbad Fleischmann (es ist heute der Augustiner am Wörthsee, Seepromenade 1, Tel. 08153/99 03 66, kein Ruhetag) ist gegen die Seepromenade auf einer Seite von einem Umkleidetrakt mit Duschen und WC und Kiosk abgeschirmt, die andere nimmt der große Gaststättentrakt mit der großen Gartenterrasse ein. Zum See hin erstreckt sich davor eine ausgedehnte Liegewiese mit Bäumen und einem Kinderspielplatz. Das Badegeschehen kann man von der Gartenterrasse aus überschauen. Neben der Gaststätte gibt es einen Bootsverleih und eine Segelschule. Haustiere haben Zutritt zum Bad, Speisen und Getränke dürfen allerdings nicht mitgebracht werden.

Die Terrasse des Strandbads Raabe

Einen Bade- und auch einen Gastronomiebereich gibt es auch im

Das Badeufer der Gemeinde Wörthsee (Steinebach)

Strandbad Raabe. Beides ist durch einen Wirtschaftshof getrennt. Das Bad betritt man durch das Kassenhäuschen auf der rechten Seite im Hof. Hier kann man auch Tretboote, Ruderboote und sogar Elektroboote mieten. Das kleine, gepflegte Bad verfügt über Liegewiesen mit Schatten spendenden Bäumen, einen Badesteg und Liegeplattformen am Ufer. Auch ein Kinderspielplatz gehört dazu. Auf der anderen Hofseite, direkt am See, schließt sich das Strandrestaurant mit Biergarten und Seeterrasse auch im oberen Stockwerk an.

Adresse: Seestraße 97, 82237 Wörthsee, Tel. 08153/72 05.

Öffnungszeiten: tägl. 9–20 Uhr.

Eintritt: Erw. 2,50 €, erm. 1,50 €.

Die Gemeinde Wörthsee (Steinebach) unterhält an einem etwa 50 m langen Uferabschnitt am Ende des Birkenweges (ca. 800 m vom S-Bahnhof, an der Route zu den Strandbädern) einen öffentlichen Badeplatz. Hier gibt es eine große, ebene Liegewiese. Dazu gehört ein Kiosk mit kleinem Biergarten, der auch mit warmen Gerichten aufwartet, sowie ein öffentliches WC. Das Ufer ist flach, so kommen auch kleine Kinder gefahrlos zu Badefreuden. Ein kleiner Abschnitt der Uferpartie mit Ruhebänken ist als Zugang für Surfer ausgewiesen. FKK und Grillen ist hier nicht erlaubt. Auch für Hunde ist der Platz tabu. Außerdem pflegt die Gemeinde zwei weitere kleine öffentliche Badeplätze, einen winzigen etwas weiter nördlich an der Seepromenade und einen kleinen Platz am Nordzipfel des Sees am Seeuferweg.

Auch dort gibt es einen Kiosk mit Freischankfläche. Allerdings muss man die lebhafte Fahrstraße überqueren, um hin zu kommen.

Die Liegewiese im Strandbad Fleischmann

Erholungsgelände Wörthsee (Oberndorf)

Abfahrt ab Marienplatz: alle 20 Min.

Fahrzeit: 43 Min.

Fahrpreis: 3 Zonen, 6 Streifen.

Auf der Bahnhofstraße zur Inninger Straße und auf dieser nach rechts und auf ihrer Verlängerung als Wörthseestraße (Radweg) an Schlagenhofen vorbei zum Erholungsgelände; ca. 4,5 km.

Seinen Namen hat der Wörthsee von seiner einzigen Insel. Früher hieß er Ausee. Er misst über 430 ha und ist bis 34 m tief. Trotzdem zählt er zu den wärmsten Badeseen in Oberbayern. Insgesamt sind seine Ufer 8,5 km lang. Ein knappes Zehntel davon gehört zum Erholungsgebiet Oberndorf des Vereins Erholungsgebiete im Landschaftsschutzgebiet „Westlicher Teil des Landkreises Starnberg". Es ist über 10,6 ha groß, über 7 ha davon sind Liegewiesen. Der Uferanteil, von hohen alten Bäumen gesäumt, besteht hier aus einem Schilfgürtel, zwischen dem drei Seezugänge mit langen breiten Stegen und Badeplattformen mit Treppen am Ende ausgespart sind. Am Südende ist eine Wasserwachtstation eingerichtet. Hier gibt es auch eine Einlasszone für Windsurfer. Nach Norden öffnet sich eine weite, zum Ufer hin abfallende Liegewiese mit Baumbestand, der eine Spielwiese vorgelagert ist. An der Westseite der Liegewiese, zur Straße hin, gibt es eine Sommergaststätte mit kleinem Biergarten. Wie bei allen Anlagen des Vereins – diese wird vom Landkreis Starnberg und der Gemeinde

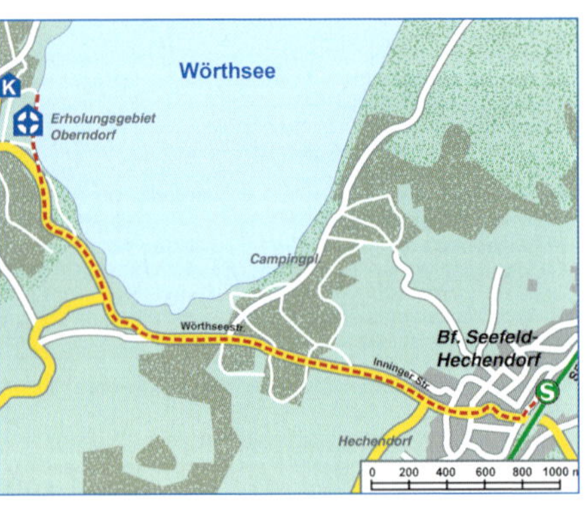

Inning betreut und gepflegt – sind ausreichend Abfallbehälter aufgestellt, und es gibt öffentliche WC-Anlagen. Es gelten die üblichen „Spielregeln" der Vereinsanlagen.

Weit hinaus in den See führt der Badesteg der Anlage Oberndorf.

Weßlinger See

Abfahrt ab Marienplatz: alle 20 Min.

Fahrzeit: 36 Min.

Fahrpreis: 2 Zonen, 4 Streifen.

Vom S-Bahnhof die Stufen hinunter zur Hauptstraße und geradeaus auf dem Seeweg und dann nach links auf dem Fischerweg zum Badeufer an der Ostseite des Sees; ca. 200 m.

Der kleinste See im Fünfseenland, aus einem eiszeitlichen Toteiskessel entstanden und gerade einmal 1,8 ha groß, speist sich aus Quellen im See. Er ist an der tiefsten Stelle 16 m tief und erwärmt sich darum rasch, was ihn zu einer sehr beliebten Badewanne macht. Das Freibad am Ostufer mit seinem Wiesenstreifen unter schönem hohen Baumbestand wird von der Gemeinde unterhalten. Eine Fontäne in der Seemitte dient nicht zur Verschönerung des idyllischen Fotomotivs, sondern seit einer Reihe von Jahren zur Belüftung des Sees, der schon zu ersticken drohte.

Das Badeufer auf der Ostseite mit altem Baumbestand

Von drei Stegen kann man ins nasse Element springen.

Es gibt drei Badestege, Ruhebänke, Müllbehälter, einen Kiosk mit kleinem Biergarten, ein öffentliches WC und sogar eine Dusche. Man kann um den See herumspazieren, meist auf Kieswegen, ca. 2 km. Von gegenüber, der Westseite, kann man dem Badeleben zuschauen: von der Terrasse des Café am See (Hauptstraße 59) oder vom Biergarten des Hotel-Restaurants Seehof (Seeweg 4) aus. Am Seeweg lässt sich auch ein Ruderboot mieten. Hunde haben im Freibad Weßlinger See keinen Zutritt. Der Eintritt ist frei.

Wasserpark Starnberg

Abfahrt ab Marienplatz: alle 20 Min.

Fahrzeit: 37 Min.

Fahrpreis: 2 Zonen, 4 Streifen.

Adresse: Strandbadstraße 5, 82319 Starnberg Tel. 08151/1 26 66.

Öffnungszeiten: Strandbad (Mai–Sept.) Mo–Fr 9–20 Uhr, Sa, So 8–20 Uhr. Schwimmhalle Mo 12–17 Uhr, Di–Fr 13–21 Uhr, Sa, So 8–20 Uhr; Sauna: Di–Fr 12–21 Uhr, Sa, So 8–20 Uhr.

Eintritt: Strandbad Erw. 3,07 €, erm. 2,05 €; Hallenbad: Erw. 4,09 €, erm. 2,56 €; Sauna (3 Std.): Erwachsene 9,20 €, erm. 6,14 €.

Vom S-Bahnhof auf der Seepromenade (links), der Dampfschiffstraße (geradeaus) und dem Nepomukweg (rechts) zum Bad; ca. 500 m.

Strandbad und Hallenbad befinden sich in einem Komplex, dem Wasserpark am Nordzipfel des Starnberger Sees zwischen Yachtclub und Erholungsgelände Kempfenhausen – das bedeutet Badevergnügen bei jeder Witterung und das ganze Jahr über. Das Strandbad, ein abgegrenzter Ufer- und Seebereich, bietet große Liege- und Spielwiesen, einen Kinderspielplatz, Bodenschach, Tischtennisplatten, ein Beachvolleyballfeld und eine Bocciabahn. Ein langer Badesteg, eine Badeinsel im See und mächtige, luftgefüllte Spielelemente aus Gummi beflügeln den Badespaß. Für die ganz kleinen Gäste gibt es ein beheiztes Babybecken.

Die Schwimmhalle ist ganzjährig geöffnet und steht auch im Sommer den Freibadgästen ohne Aufpreis über die Außentreppe zur Galerie offen. Kernstück der Schwimmhalle ist das 25-m-Sportbecken (28 °C) mit 1- und 3-m-

Ein Riesen-Gummikrake sorgt für zusätzlichen Spaß.

Gummitiere darf man natürlich auch selbst mit ins Strandbad bringen.

Sprungbrettern, weiter gibt es ein Mehrzweckbecken mit 40 m langer Wasserrutsche, ein Kleinkinderbecken (32 °C) und zwei Warmwasser-Sprudelbecken. Ein Kiosk mit Essecke versorgt die Badegäste mit Snacks und Getränken. Auch Schwitzen kann man im Wasserpark: Zwei moderne Saunaanlagen und ein Dampfbad heizen ordentlich ein. Außerdem stehen ein Saunagarten und Solarien zur Verfügung. Die Benutzung der Schwimmhalle ist im Saunapreis inbegriffen.

Integriert in den Wasserpark ist das Restaurant Croatia am See (Tel. 08151/91 80 87, Mo Ruhetag) mit einer Gartenterrasse.

Erholungsgebiet Kempfenhausen

Abfahrt ab Marienplatz: alle 20 Min.
Fahrzeit: 37 Min.
Fahrpreis: 2 Zonen, 4 Streifen.

Vom Seebahnhof geht man auf der Seepromenade nach Osten, dann weiter geradeaus auf der Dampfschiffstraße zum Nepomukweg, dort nach rechts und über Nepomukbrücke und Lüßbachbrücke zum Erholungsgebiet; ca. 1,5 km.

An heißen Tagen geht's hier hoch her.

Kempfenhausen ist das nördlichste Freizeitareal des Vereins Erholungsgebiete am Starnberger See. Es liegt am Nordostufer und gehört zum Landschaftsschutzgebiet Starnberger See Ost. Es bietet rund 6,5 ha Liegewiesen in einer freundlichen Parklandschaft mit altem Baumbestand an einem 1,2 km langen ausgebauten Uferstreifen. Die Anlage wird betreut vom Landkreis Starnberg und ist wie alle Einrichtungen des Vereins mit Abfalltonnen, Rettungsringen und Notrufsäulen ausgestattet. Eine besondere Attraktion ist der 95 m lange, weit auf den See hinausgeführte Badesteg am Nordende, der längste am See überhaupt. Dort versorgt die Badegäste das ganzjährig geöffnete Restaurant Seestuben mit Gartenterrasse und kleinem SB-Biergarten (Schiffbauerweg 20, Tel. 08151/74 66 81, u. -25 11). Im Südteil gibt es auch große Spielwiesen und eine Sommergaststätte mit SB-Biergarten. Durch das Gelände führt ein Kiesweg, der gern auch als Uferspazierweg genutzt wird. Die Wasserwacht hat im Nordteil ihr Domizil. Daneben befindet sich ein Surfbereich. Für sportliche Erholung gibt es außerdem Tischtennisplatten, einen Beachvolleyballplatz und für Kinder einen Sandspielplatz.

Für Hunger und Durst gibt es den Kiosk mit Biergarten.

Paradies Possenhofen

Abfahrt ab Marienplatz: alle 20 Min.

Fahrzeit: 41 Min.

Fahrpreis: 3 Zonen, 6 Streifen.

Vom S-Bahnhof auf der Schlossbergstraße bergab, über die Münchner Straße hinweg und ein Stückchen weiter rechts auf der Karl-Theodor-Straße zum Schloss, links daran vorbei zum Schlosspark, der schon zum Erholungsgebiet gehört; ca. 1 km.

Rund 150 ha groß ist dieses Erholungsgebiet der Stadt München und ein wahres Paradies. Hier gibt es in herrlicher Parklandschaft weite Liegewiesen, Spiel- und Bolzplätze, Grillzonen und Bereiche für Surfer und Boote. Der lange Uferstreifen bietet Badestege, Spazier- und Radwege, Ruhebänke und natürlich alles, was zur Sicherheit gehört: Notrufsäulen, Telefonhäuschen, Rettungsringe und eine Wasserwachtstation. WC und Duschen fehlen nicht, und es gibt auch einen Kiosk mit kleinem Biergarten. Am Nordende liegt der Dampfersteg, so dass man auch zu Schiff von Starnberg aus das Paradies erreichen kann. Das Schloss allerdings, in dem Sisi, die spätere österreichische

Kiosk und Biergarten liegen direkt am Seeufer.

Beliebt als Platz an der Sonne: der Badesteg im Paradies.

Kaiserin Elisabeth, ihre unbeschwerte Kindheit verbachte, ist nicht mehr zu besichtigen. Es wurde in Eigentumswohnungen verwandelt. Betreut und gepflegt wird das Gelände vom Baureferat der Landeshauptstadt, Abteilung Gartenbau.

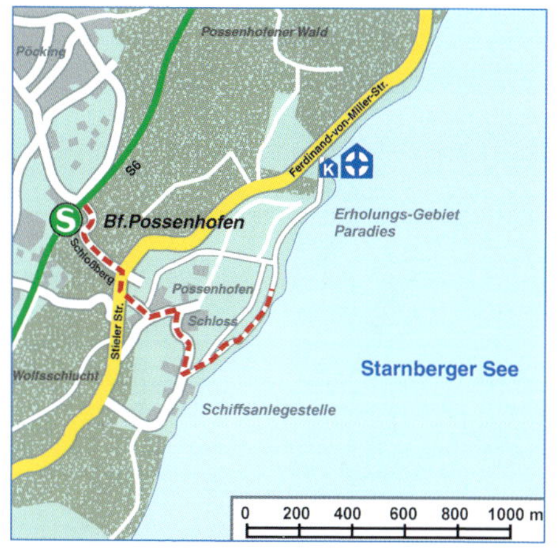

Maisinger See

Abfahrt ab Marienplatz: alle 20 Min.

Fahrzeit: 41 Min.

Fahrpreis: 3 Zonen, 6 Streifen.

Vom S-Bahnhof auf der Hindenburgstraße nach Norden zur Hauptstraße, dort ein kurzes Stück nach links, dann wieder rechts auf dem Ascheringer Weg bis zur Lindenberg-Siedlung und erneut nach rechts auf Feld- und Waldweg zum Naturschutzgebiet, ca. 4 km.

Der nicht sehr tiefe, bereits früh im Sommer angewärmte Moorsee ist Teil einer ausgedehnten Mooslandschaft, außerdem Naturschutzgebiet, Vogelparadies und sehr fischreich. Zugänglich ist er nur von Osten und nur hier – beim Weiherhaus – darf man auch baden. Für Wasser-

Auf dem Seedamm hat der Seehof-Wirt einen Biergarten eingerichtet.

fahrzeuge aller Art, auch Schlauchboote, ist der See tabu. Während der Badesaison ist der Maisinger Seehof SB-Restaurant mit intimem Biergarten. Das Haus betreibt auch einen Kiosk und hat auf dem Seedamm eine lange Kette fester Biergartentische für Badegäste, Wanderer und Radlausflügler aufgestellt.

Eine Liegewiese mit jungen Baumreihen gibt es etwas entfernt vom Wirtsbetrieb auf der Westseite. Auch ein Kinderspielplatz fehlt nicht. Allerdings gibt es einige Regeln zu beachten: Nackt baden, sowie „Oben-ohne"-Schwimmen oder -Sonnen ist nicht gestattet, ebenso wenig wie das Zelten, Feuermachen und Grillen. Hunde müssen im ganzen Seeuferbereich an der Leine bleiben und dürfen nicht ins Wasser, damit die Vogelwelt nicht beunruhigt wird. Reichlich Radlparkplätze gibt es direkt vor dem Haus. Hunde müssen auch hier an die Leine. Mo ist Ruhetag im Seehof. Das Lokal innen ist nur bei schlechtem Wetter und im Winter geöffnet (Di ab 17 Uhr, Mi–So ab 11 Uhr).

Am Bad-Einlass führen ein paar Stufen zum Wasser.

Buchsee

Abfahrt ab Marienplatz: alle 20 Min.

Fahrzeit: 39 Min.

Fahrpreis: 2 Zonen, 4 Streifen.

Öffnungszeiten: Nach Witterung Anfang Mai–Ende September, täglich 8–19.30 Uhr.

Eintritt: 1 €.

Vom S-Bahnhof zur Mittenwalder Straße (B 11) hinunter, dort ein Stück nach rechts, dann auf der Walchstadter Straße, später auf der Attenhauser Straße südwestlich nach Attenhausen. Weiter auf der Höhenrainer Straße über die Autobahn (A 95) nach Höhenrain. Dort auf der Attenhauser Straße und weiter auf der Münsinger Straße zum Wald und kurz vor dessen Ende nach rechts auf dem Feldweg zum Buchsee; ca. 8 km.

Ein uriges Idyll ist der Buchsee, ein etwa 6 ha großer Moorsee (Toteiskessel) in einer sanften Senke. Er ist umgeben von Hangwiesen im Osten und Süden und Waldsaum im Norden und Westen. Da er nur bis 3 m tief ist, erwärmt er sich schon früh im Jahr. Der Zugang zum See führt durch den Aussiedlerhof mit vielen Traktorveteranen. Schilder weisen den Besucher darauf hin, wie es auf dem Anwesen der Bierbichlers zugeht: Nackt und oben ohne

Getränke holt man sich im kleinen Biergarten am Küchenfenster des Bauernhofs und genießt sie unterm Kastanienbaum.

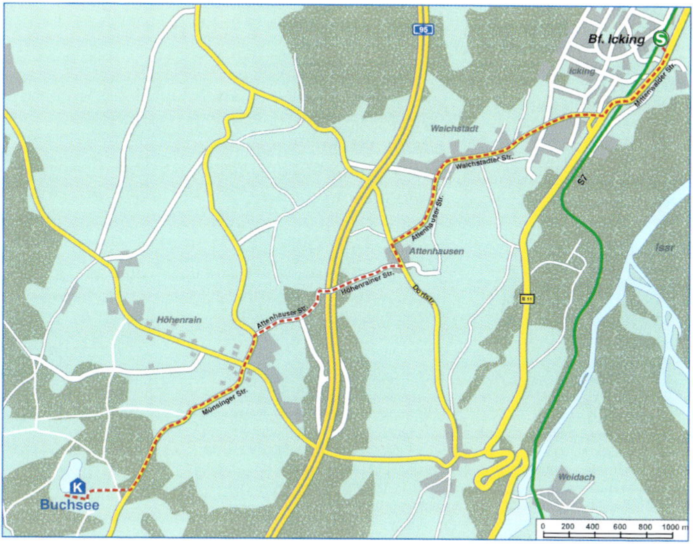

ist verboten, Hunde bleiben draußen. Eine kleinere Hangwiese liegt hinter dem Eingangskiosk, an dem es auch Erfrischungsgetränke gibt. Am Ufer mit alten Eichen gibt es eine einfache, gemauerte Umkleide. Ein größeres Hangwiesenrund öffnet sich den Badegästen, wenn das Heu nach der ersten Mahd eingebracht ist. Oberhalb der Senke beim Hofgebäude gibt es einen kleinen SB-Biergarten mit einer Gruppe hoher Bäume als Schattenspender. Die Getränke und kleinen Snacks, meist Kuchen und Würstl, holt man sich am Küchenfenster selbst ab.

Hunde sind hier nicht erlaubt.

Strandbad Feldafing

Abfahrt ab Marienplatz: alle 20 Min.

Fahrzeit: 44 Min.

Fahrpreis: 3 Zonen, 6 Streifen.

Vom S-Bahnhof geht man auf der Bahnhofstraße bergab zum Kirchplatz, überquert dann die Possenhofener Straße und geht weiter auf der Seestraße zum Seeuferweg; knapp 1 km.

Adresse: Königinstraße 4, 82340 Feldafing, Info-Tel. 08157/82 00.

Öffnungszeiten: Mitte Mai–Ende September täglich 9–20 Uhr.

Eintritt: Mo–Fr 1,50 €. erm. 1,30 €, Sa / So 2,50 €, erm. 1,50 €.

Am Waldrand bis kurz vor dem Yachthafen vor Schloss Possenhofen erstreckt sich nach links das Feldafinger Badeufer mit einigen Ruhebänken am schmalen Uferstreifen, der nur kleine Raseninseln zum Liegen bietet. Der Uferbereich ist hier sehr flach und darum gut für Kinder geeignet. Am südlichen Ende des Badeufers hat die Wasserwacht Feldafing mit Bootshaus und langem Steg im See ihr Domizil.

Noch ein kurzes Stück weiter südlich liegt das kleine anheimelnde Strandbad der Gemeinde

Wenn es die Sonne gut meint, wird's schon mal eng im Strandbad.

Am langen Badesteg gibt es sogar eine Rutsche.

Feldafing. Eingang und Mittelpunkt ist das Café/Gaststätte Seeterrasse mit schöner Gartenterrasse und der Reihe der Umkleidekabinen. Auf den sanft zum Ufer abfallenden Hangwiesen bieten hohe alte Bäume Schatten. Man kann auch Sonnenschirme mieten. Ein langer Badesteg und eine Plattform im See bieten Platz zum Sonnenbaden und die Gelegenheit zu einem Sprung ins kühle Nass. Für Kinder gibt es eine kleine Wasserrutsche. Radios und Ballspiele sind nicht erlaubt. Haustiere haben keinen Zutritt.

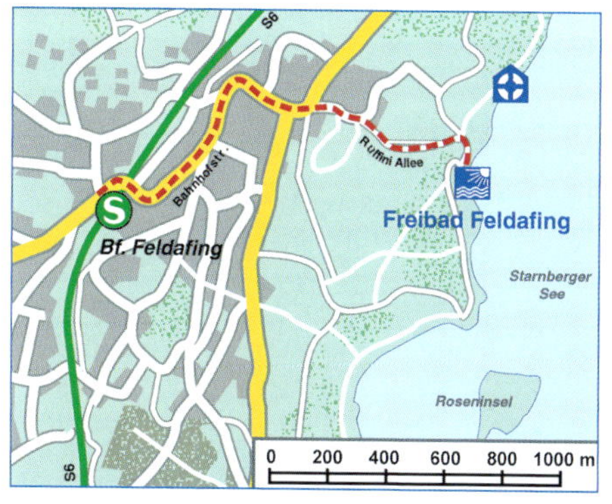

Nordbad und Südbad Tutzing

Abfahrt ab Marienplatz: alle 20 Min.

Fahrzeit: 49 Min.

Fahrpreis: 3 Zonen, 6 Streifen.

Adresse: Wirtschaft im Nordbad, Seeterrasse, zugleich Surfclub, Tel. 08158/68 19.

Öffnungszeiten: Mai–Oktober, täglich 9 bis ca. 20 Uhr.

Eintritt: frei.

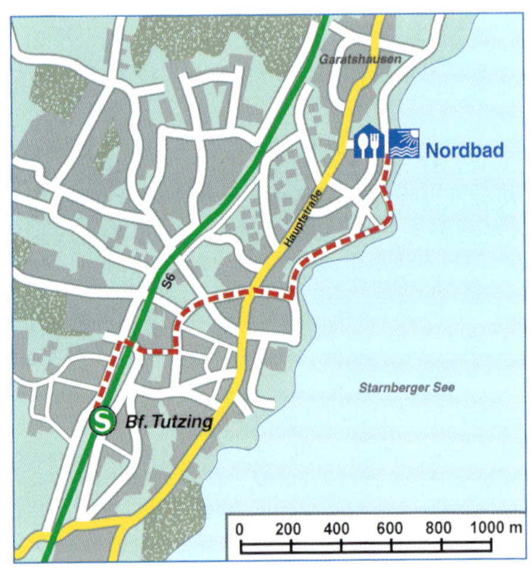

Nordbad

Auf der Bahnhofstraße nach Norden, dann nach rechts auf dem Schluchtweg, wieder links auf der Kirchenstraße und weiter auf der Oskar-Schüler-Straße und dem Fischergassl zur Brahmspromenade und am Ufer entlang zum Bad; ca. 1,2 km.

Die Wirtschaft im Nordbad mit ihrer schönen Seeterrasse

Die kleine, hübsche Anlage mit einigen hohen Bäumen liegt nur ein paar Schritte nördlich von Härings Midgardhaus (Biergarten direkt am Seeufer). Man betritt das Bad durch die Wirtschaft im Nordbad. Dahinter liegt der schmale, grasbewachsene Uferstreifen mit Schatten und Sonnenplätzen. Es gibt etwa 30 betagte, holzgezimmerte Umkleiden und einen kleinen Badesteg. Gemütlichkeit und Ruhe sind hier angesagt.

Südbad

Vom S-Bahnhof auf der Pommernstraße weiter geradeaus auf dem Gröberweg, auf der Hauptstraße nach rechts, dann nach links in den Georg-Roth-Weg und wieder links auf der Seestraße zum Bad, ca. 1,2 km.

Der lange Badesteg im Südbad

Großzügiger ausgelegt und ganz neu eingerichtet wurde im Mai 2002 das Südbad der Gemeinde Tutzing. Pächter ist Gregor Müller. Hier gibt es viel Platz auf gepflegten Liegewiesen, alten Baumbestand, zwei Badestege, die weit hinaus in den See führen, und seichte Seeufer. Ein ideales Badedorado für Familien mit Kindern. Die 75 Umkleidekabinen und der Kiosk wurden erneuert. Natürlich ist der große Wirtsgarten mit Sitzgruppen und Sonnenschirmen erhalten geblieben. Auch hier liebt man Ruhe und Beschaulichkeit.

Adresse: Seestraße, 82327 Tutzing.

Öffnungszeiten: Mai–September täglich 9 bis ca. 20 Uhr.

Eintritt: Erw. 2 €, erm. 6–14 J. –,50 €, Jugendliche 1 €, 12-er Karte 20 / 5 / 10 €.

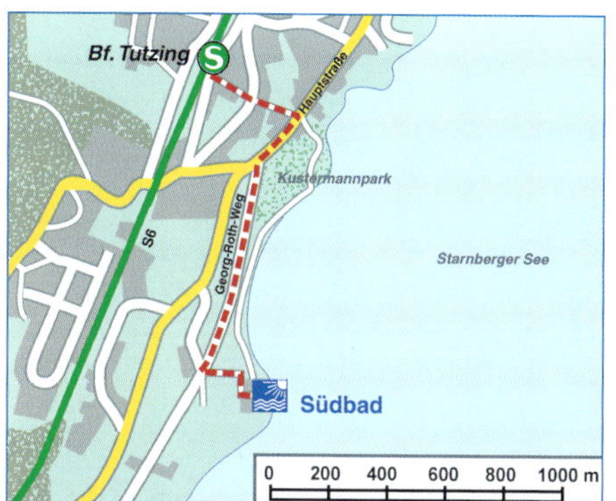

Lohnender Abstecher: Knapp zwei Kilometer bergauf geht man zur Ilkahöhe (Oberzeismering) über Tutzing. Der Aufstieg lohnt doppelt: Herrliche Aussicht über den See bis zu den Bergen, dazu ein Biergarten (Forsthaus Ilkahöhe), in dem man die Aussicht bei einem kühlen Getränk genießen kann.

Strandbad Seewinkel

Abfahrt ab Marienplatz: alle 20 Min.

Fahrzeit: 48 Min.

Fahrpreis: 3 Zonen, 6 Streifen.

Adresse: Strandbad Seewinkel, Seepromenade, 82211 Herrsching, Tel. 08152/4 05 71.

Öffnungszeiten: täglich 9 Uhr bis zum Dunkelwerden.

Eintritt: frei.

Nur ein paar Schritte neben dem Bahnhofsgebäude durch die Unterführung unter den Gleisen hindurch und an Kirche und Pfarrhaus vorbei zum See; ca. 100 m.

Eine Badeoase am nördlichen Rand des Herrschinger Kurparks ist das Strandbad Seewinkel. Es ist eine kleine, freundliche, überschaubare und privat betriebene Anlage mit viel Charme am zweitgrößten Wasser im Fünfseenland (und dem drittgrößten in Oberbayern), dem Ammersee.

Hier findet man auf kleinstem Raum alles, was man sich zum Badevergnügen im Freien am großen See nur wünschen kann. Es gibt ein Beachvolleyballfeld, eine Tischtennisplatte, eine Boccia-Bahn und einen Kinderspielplatz, einen Badesteg im See, dazu eine künstliche Badeinsel, (einfache) Umkleidekabinen für Damen und Herren, einen Kiosk und natürlich Toilettenanlagen. Der Eintritt ist frei, allerdings

Sandstrand und Badesteg des Strandbads

dürfen Speisen und Getränke nicht mitgebracht werden. Von deren Verkauf lebt schließlich der Betreiber des Strandbads, das Café Seewinkel. Vor dessen großer Gartenterrasse mit Sonnendach dehnt sich eine weite Liegewiese bis zum Kiesufer des Sees. Hier hat man das Badegeschehen im Blick, findet aber auch die nötige Ruhe für Gespräch oder Lektüre. Für das Radl ist außerhalb des Eingangs Platz. Hunde dürfen nicht mit hinein.

Gleich nebenan liegt noch ein Badestrand an der Herrschinger Uferpromenade.

Freizeitbad Phönix

Abfahrt ab Marienplatz: alle 20 Min.

Fahrzeit: 23 Min.

Fahrpreis: 1 Zone, 2 Streifen.

Adresse: Haidgraben 121, 85521 Ottobrunn, Tel. 089/66 07 87–0.

Öffnungszeiten: täglich 7.30–22.30 Uhr, Di ab 6.30 Uhr; Saunalandschaft: täglich 9–23 Uhr, Fr, Sa bis 24 Uhr, Sa, So, feiertags ab 8 Uhr.

Eintritt: Erw. Mo–Fr 2 Std. 4,30 €, 4 Std. 6,30 €, Tag 8,40 €, Sa / So 5,30 € / 7,30 € / 9,40 €; erm. 3,30 € / 4,20 € / 6,30 €; Familien (2 Erw. alle eigenen Kinder 10,70 € / 12,70 € / 20,50 €; Sauna: Einzelkarte Mo–Fr 11,80 €, Tageskarte Erw. Mo–Fr 13,50 €, erm. 9,50 €; Sa, So, feiertags 14,50 € / 9,50 €.

Vom S-Bahnhof auf der Ottostraße (nach rechts) zur Rosenheimer Landstraße und weiter geradeaus auf dem Ranhazweg, an dessen Ende nach links auf dem Haidgraben zum Bad; ca. 2,4 km. Die Buslinien 216 und 221 halten vor dem Bad (Haltestelle Sportpark), verkehren jedoch nur mit wenigen Kursen.

Das Phönix ist ein Erlebnisbad, das den Spaßbädern im ferneren Oberland und den neuen Münchner Einrichtungen ebenbürtig ist. Betreiber ist eine Tochtergesellschaft der Gemeinde Ottobrunn. Es ist sehr großzügig angelegt und hat viel zu bieten. Den größten Teil der Eingangshalle nimmt das Café/Bistro/Restaurant La Napoule mit einem eigenen Galerie-SB-Bereich für Badegäste ein. Im Innenbereich gibt es ein Sprungbecken mit 1-, 3- und 5-m-Sprungtürmen, ein Erlebnisbecken mit Sprudelliegen, ein Sportbecken, ein Nichtschwimmerbecken, zwei Kinderplanschbecken mit Spielfiguren und Rutsche, einen Whirlpool, Solarien und eine geschlossene Riesenrutsche (90 m), deren Schnecken im Freien angeordnet sind.
Im Außenbereich findet der Badegast ein weiteres 32 °C warmes Schwimmbecken, dazu ein

Blick von der Galerie des internen Restaurants in den Saunahof

Das reinste Vergnügen

Kinderplanschbecken mit Spielfiguren und einer großen Sommer-Liegewiese.
Außerdem rühmt sich das Phönix der schönsten Sauna-Landschaft weit und breit. In der Tat: Hier ist viel Platz zum Wohlfühlen und Entspannen. Die Angebotsliste ist lang: zwei finnische Saunen, eine Biosauna mit Lichttherapie, eine Eukalyptus-Sauna, ein Dampfbad, Tauchbecken, Kneippbecken, Whirlpool, geräumige Ruheräume und ein gepflegtes Sauna-Restaurant, das zentral liegt; dazu kommen eine großer Pool im Freien und eine Blockhaus-Sauna und – für sommerliches Vergnügen – eine große Liegewiese und eine Sonnenterrasse.

Ozonhallenbad Riemerling

Abfahrt ab Marienplatz: alle 20 Min.

Fahrzeit: 23 Min.

Fahrpreis: 1 Zone, 2 Streifen.

Adresse: Georg-Kerschensteiner-Straße 1, 85521 Riemerling, Tel. 089/60 28 55.

Öffnungszeiten: Di, Mi (bis 17 Uhr nur Erw.), Fr 15–21 Uhr, Do 18–21 Uhr, Sa, So 9–17 Uhr.

Eintritt: Erw. (2 Std.) 1,80 €, 10er-Karte 15,50 €, ermäßigt 0,50 € / 4,60 €, Kinder bis 6 Jahre 0,25 €.

Vom Bahnhofsvorplatz ein paar Schritte zur Ottostraße, dort links bis zum Schulkomplex an der Georg-Kerschensteiner-Straße (nach rechts); ca. 100 m.

Ozon ist eigentlich ein Gift für Menschen, hat aber ein gesundes Image und kann in der Tat segensreiche Wirkungen entfalten. Im Ozonhallenbad Riemerling wird es zur Reinigung und zur Wasseraufbereitung eingesetzt. Der Vorteil: Man kann den Chlorgehalt des Badewassers auf nur etwas mehr als ein Drittel der gesetzlich sonst vorgeschriebenen Beimengung zurückfahren und dem Badegast das vom Chlor verursachte Augenbrennen fast ganz ersparen. Das Ozon hat bei dieser Form der Anwendung keinerlei giftige Wirkung.

Das Hallenbad Riemerling, eine Einrichtung der Gemeinde Hohenbrunn, wurde vor 25 Jahren als Schulsportanlage mit Öffentlich-

Im kleinen Becken machen die Jüngsten mit dem nassen Element vertraut.

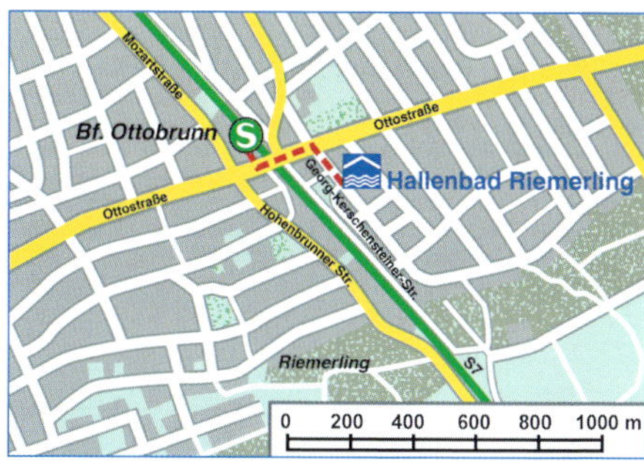

keitsbeteiligung konzipiert und befindet sich im Untergeschoss der Schulanlage an der Georg-Kerschensteiner-Straße. Durch ausgestellte Oberlichter und eine ganze Fensterfront bekommt es trotzdem viel Tageslicht. Es gibt ein Sportbecken (25 x 12,5 m, bis 1,80 m tief, 28 °C) mit seitlichen Wärmebänken auf der einen Längsseite und Ruhestufen, die auch als Zuschauertribüne geeignet sind, auf der anderen Längsseite. Dazu kommen ein Nichtschwimmerbecken (15 x 12,5 m, 30 °C) und ein großzügig ausgelegtes Planschbecken mit 34 °C. Gegen Extragebühr kann man ein Solarium benutzen. Vom angrenzenden Café Ozon (Mi und Sa Ruhetag) kann man dem Badetreiben zuschauen.

Kastenseeoner See

Abfahrt ab Marienplatz: alle 20 / 40 Min.

Fahrzeit: 34 Min.

Fahrpreis: 3 Zonen, 6 Streifen.

Adresse: Glonner Straße, 85625 Glonn (Kastenseeon), Tel. 08093/14 31.

Öffnungszeiten: ab Pfingsten, bei warmem Wetter auch früher, bis zum Oktoberfest (Mitte September), täglich von 9 Uhr bis zum Dunkelwerden. Das Restaurant schließt – so der Wirt –, wenn der letzte Gast geht.

Eintritt: Erw. 2 €, erm. 1 €.

Vom S-Bahnhof Aying auf der Bahnhofstraße in den Ort; weiter in östlicher Richtung über die Münchner Straße, dann über die Zornedinger Straße, dann nach rechts auf dem Lindacher Weg nach Lindach, von dort in nördlicher Richtung durch ein Waldstück nach Kastenseeon; ca. 7 km.

Der Kastenseeoner See (kurz Kastensee) misst etwa 300 x 400 m und ist Teil des Naturschutzgebietes Schwingmoor, einer weitgehend noch unberührten Moorlandschaft im Landkreis Ebersberg. West- und Südufer mit Flachwasser sowie Verlandungs- und Moorgebiete sind streng geschützt. Baden ist nur auf der Ostseite möglich: im privaten Familienbad. Hier gibt es einen breiten Liegewiesenstreifen. Das Ufer säumt eine Reihe hoher Pap-

Das Freibad bietet auch einen Wasserski-Rundlauf.

peln. Auf ins Wasser hinausragenden Lattenplattformen kann man sonnenbaden und über Stufen und Leitern ins Wasser gelangen. Für Umkleiden, Duschen und WC ist gesorgt. Beruhigende Sicherheit verleiht eine Wasserwachtstation.

Die größten Vorzüge des Bades sind seine idyllische Lage und der Umstand, dass das Wasser früh angenehme Badetemperaturen erreicht, da der See kaum mehr als vier Meter tief ist. Sportliche Attraktion ist ein vom Badebereich abgegrenzter Wasserskirundlauf, ein Riesenspaß für Jung und Alt. Allerdings muss man extra dafür bezahlen. Tiere dürfen nicht mit ins Bad.

Das Strandcafé Kastenseeon (Tel. 08093/14 31) mit großer Seeterrasse und Kiosk im Eingangsbereich sorgen für das leibliche Wohl.

Steinsee

Abfahrt ab Marienplatz: alle 20 Min.

Fahrzeit: 31 Min.

Fahrpreis: 2 Zonen, 4 Streifen.

Adresse: Familienbad Steinsee, 85665 Moosach b. Grafing, Info-Tel. 08093/7 88.

Öffnungszeiten: ab 8 Uhr bis zum Dunkelwerden.

Eintritt: Erw. 2,50 €, Kinder 4-14 J. 1 €, 10-Punkte-Karte 17 € (1 / 1/2 Punkt pro Besuch).

Vom S-Bahnhof neben den Gleisen nach rechts auf der Wasserburger Straße, dann nach rechts über die Eisenbahnbrücke, auf der Moosacher Straße nach Falkenberg und weiter nach Moosach. Dort auf der

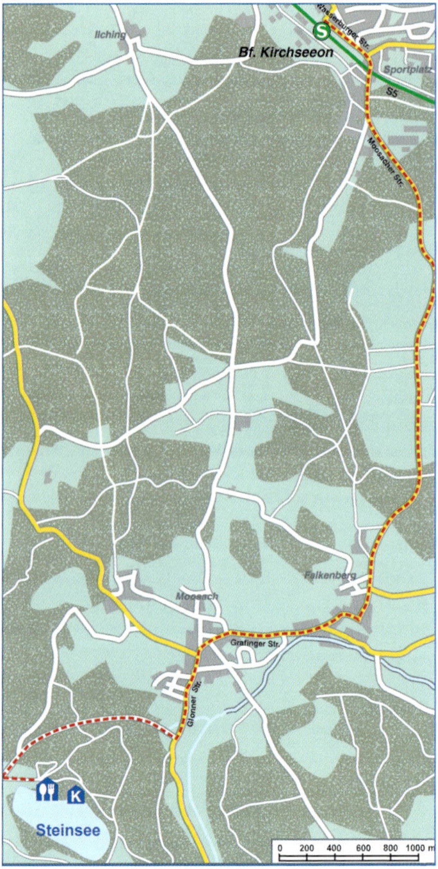

Viel Schatten spenden die Baumveteranen am Uferhang.

Grafinger Straße zur Ortsmitte und auf der Glonner Straße nach Süden. Nach etwa 500 m biegt man nach rechts in den Abzweig zum Steinsee ein; ca. 8 km.

Der Steinsee erwärmt sich schon früh im Jahr, obwohl er stellenweise bis zu 11 m tief ist. Entstanden ist er aus einem Toteiskessel. Er hat eine Wasserfläche von 21 ha. Große Teile seiner Uferbereiche sind als wertvolle Biotope geschützt und dürfen nicht betreten werden. Sie bieten zahlreichen Wasservögeln, Fischen und Amphibien Lebensraum und Nahrung. Baden kann man nur auf der Ostseite (Moosacher Bad), einem sehr kleinen, oft stark belegten Badeplatz, und an der Nordwestseite im gepflegten privaten Familienbad Steinsee.
Es gehört wie der See zum Bereich des Gutes Niederseeon und wird von Klaus Gruber betrieben. Hier gibt es Liegewiesen am Hang unter mächtigen alten Bäumen, im Flachuferbereich eine Wasserwachtstation, einen Sprungturm im Wasser, hölzerne Umkleidekabinen aus Großvaters Zeiten, einen Kiosk am Eingang mit einigen Sitzgruppen und das Restaurant am Steinsee mit großer Gartenterrasse. See und Bad erfreuen sich großer Beliebtheit, daher kann es an heißen Ferientagen schon mal recht eng werden.

Freibad Erding

Abfahrt ab Marienplatz: alle 20 Min.

Fahrzeit: 45 Min.

Fahrpreis: 3 Zonen, 6 Streifen.

Adresse: Am Stadion 6, 85435 Erding, Tel. 08122/40 73 02.

Öffnungszeiten: Freibad: Mai–September täglich 8–20 Uhr geöffnet, Hallenbad: Di–Fr 8–21 Uhr, Sa / So 9–18 Uhr.

Eintritt: Erw. 3,50 €, erm. 2 €, Kinder (6–15 J.) 1,50 €; 10er-Karte 23,50 € / 13 € / 11 €; Familienkarte 5 €.

Vom Bahnhof auf der Geheimrat-Irl-Straße zum Grünen Markt, dann nach rechts zum Schrannenplatz und weiter (rechts) auf der Langen Zeile und deren Verlängerung Am Gries nach Norden, an der Anton-Bruckner-Straße ein kleines Stück nach rechts, dann links einbiegen Am Stadion; ca. 1,3 km. Busverbindung: Linie 530, 540 bis zur Station Am Stadion.

Das Erdinger Freibad liegt am nördlichen Stadtrand und ist Teil des Erdinger Freizeit- und Sportparks, zu dem auch Stadion, Tennisplätze, Eisstadion und Volksfestplatz gehören.

Der großzügige Kinderspielbereich

Es ist eine kleine Anlage der Stadtwerke Erding, aber mit allem Drum und Dran. In der Mitte befindet sich der Eingangsbereich mit Umkleiden und WC-Anlagen, an die sich auch das kleine, im Sommer geschlossene Gartenhallenbad (geöffnet September bis April) anschließt. Vom Eingang aus betritt man nach links den Familienbereich mit dem Kinderspielplatz, zu dem Sandkasten, Rutsche, Schaukel und ein Planschbecken gehören. Dahinter liegt das Restaurant mit Kiosk und Gartenterrasse.

Blick über das Sportbecken auf den Sprungturm und das angrenzende Hallenbad

Im Zentrum neben dem Umkleidetrakt sind drei Becken hintereinander angeordnet: ein recht großes Nichtschwimmerbecken, ein vierbahniges Sportbecken und ein Sprungbecken mit Absprunghöhen von 1, 3, 5 und 10 m. Sportlich kann man sich auf einem Beachvolleyballplatz und einem Fußballplatz mit zwei Toren in verkleinertem Maßstab betätigen.

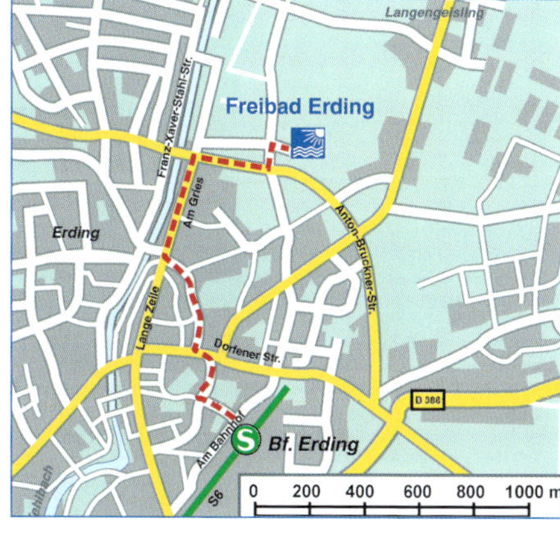

Erding Nord
(Kronthaler Weiher)

Abfahrt ab Marienplatz: alle 20 Min.

Fahrzeit: 45 Min.

Fahrpreis: 3 Zonen, 6 Streifen.

Unbedingt sehenswert sind die Erdinger Altstadt entlang der Langen Zeile mit schönen alten Häuserfronten und Straßencafés, die Pfarrkirche St. Johannes aus dem 14. Jh., der Schöne Turm und die kleine Spitalkirche zum Hl. Geist am Schrannenplatz.

Vom Bahnhof auf der Geheimrat-Irl-Straße zum Grünen Markt, dann nach rechts zum Schrannenplatz und weiter (rechts) auf der Langen Zeile und deren Verlängerung Am Gries nach Norden, an der Anton-Bruckner-Straße ein kleines Stück nach links, dann rechts auf der Xaver-Stahl-Straße und ihrer Verlängerung In den Hacken zum Badeweiher; ca. 1,5 km.

Der Kern der großen, gepflegten Erholungsanlage der Stadt Erding, die ein kleines Stück nördlich des Freizeit- und Sportparks liegt

Der Badestrand am Südufer

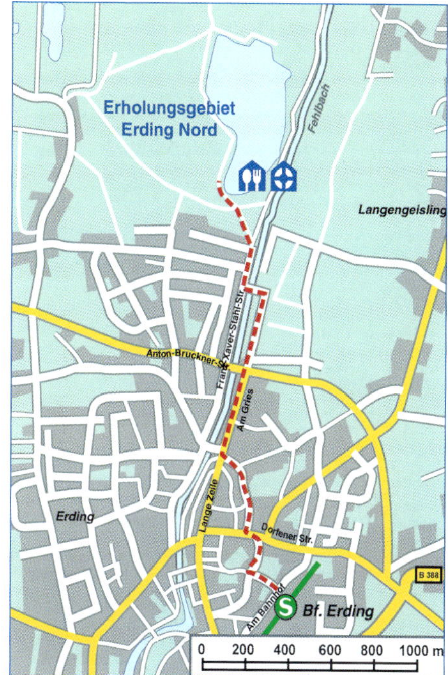

Übung macht den Meister – auch am Korb.

(s. Freibad Erding), ist eine im Nordteil noch betriebene Kiesgrube. Das Erholungsgebiet konzentriert sich auf den Südteil des Weihers. Es ist mit Müllbehältern, Ruhebänken und Radlparkplätzen, um junge Baumpflanzungen gruppiert, gut ausgestattet.

Nach Süden schließen sich um die weitläufigen, fast ebenen Liegewiesen Spielwiesen an. Hier gibt es drei Beachvolleyballplätze und ein Spielfeld mit Basketballkorb. Neben der Wasserwachtstation am See gibt es einen Kiosk mit kleinem SB-Biergarten und einer WC-Anlage. Außerdem stehen eine Sommerstockbahn und ein Kinderspielplatz zur Verfügung. Am südlichen Zugang sind Grillplätze angelegt.

Therme Erding

Abfahrt ab Marienplatz: (S 6) alle 20 Min., (Stadtbus 560) alle 40 Min.

Fahrzeit: (S 6) 43 Min. (Bus 560) 3 Min.

Fahrpreis: 3 Zonen, 6 Streifen bzw. Kombitarif (s. Eintritt).

Adresse: Thermenallee 1, 85435 Erding, Info-Tel. 08122/22 99 00.

Öffnungszeiten: täglich 10–23 Uhr, Sa, So, feiertags schon ab 9 Uhr.

Eintritt: Thermalbad 2 Std. 10 €, 4 Std. 13 €, Tageskarte 16 €. Kombitarif MVV-Fahrt hin und zurück plus 4 Std. Therme 16 €, Sa, So, feiertags Aufschlag; Sauna (ab 16 J.): zusätzlich 7 €, nur Sauna 3 Std. 18 €, 5 Std. 21 €.

Vom S-Bahnhof in westlicher Richtung über die Münchner Straße hinweg, kurz darauf nach links einschwenkend auf der Thermenallee zum Bad; ca. 800 m. Oder ab Bahnhof Altenerding mit dem Stadtbus direkt zur Therme.

Die Therme Erding verspricht dem Badegast die Südsee vor der Haustür und wartet mit einer Vielzahl von Superlativen auf: der größten auffahrbaren Glaskuppel Mitteleuropas (Durchmesser 56 m) und 1400 m² Wasserfläche in zwölf Becken, darunter zwei große Außenbecken mit 130 und 300 m². Unter der Kuppel wachsen tropische Großpflanzen bis zu 12 m Höhe. Die Liste der Attraktionen ist lang. Es gibt Grotten mit Wasserfall, Nackenduschen und Sprühnebel, über 70 Sprudelliegen, einen großen Strömungskanal, Jungbrunnen (38 °C) und Quelltopf (36 °C), Schwefeltopf und Schwefelquelle gegen Rheuma und Gelenkschmerzen, Solebecken gegen Erkältungen, Atemweg- und Hautprobleme, Massagedüsen gegen Verspannungen, dazu den einzigen Palmenbiergarten Deutschlands und den weltweit einzigen Sauerstoffgarten.

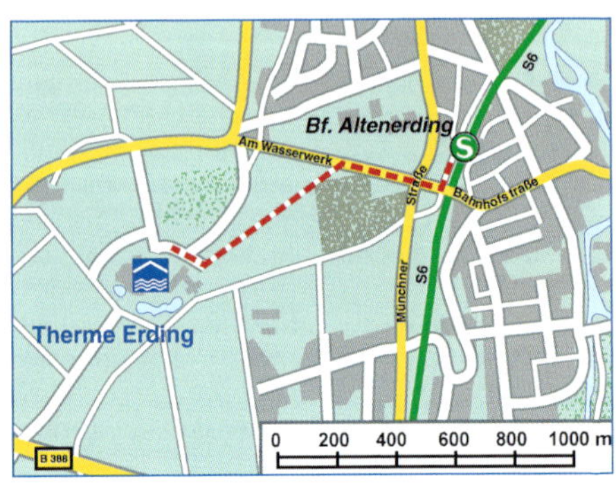

Karibik-Flair vermittelt der Palmen-Biergarten.

Im Sommer kommen zwei große Wasserrutschen, eine Reifenrutsche und ein Abenteuerspielplatz im Thermengarten dazu. Für die Kleinen ist ein eigener Kinderpool da. Erfrischungen und Imbiss servieren die Sunsetbar und das Karibikrestaurant.

Auch die 3000-m²-Saunalandschaft spart nicht mit Sensationen. Im Zentrum steht eine römische Villa mit auffahrbarem Glasdach über dem Atrium, darum herum sind Caldarium, Laconium und Tepidarium für altrömische Schwitzkultur angeordnet. Insgesamt kann man zwischen 14 unterschiedlich thematisierten Schwitzräumen wählen, darunter das größte Keloblockhaus Europas mit Platz für 60 Schwitzer. Man kann sich in Innen- und Außenbecken abkühlen oder aufwärmen, Erlebnisduschen genießen, im Relaxarium entspannen, im 8000 m² großen Saunagarten am Natursee oder durch Bambus- oder Nebelgarten spazieren oder an der Poolbar „andocken".

Eigentlich wollte man Öl finden. Zum Vorschein kam aber bei Bohrungen 1983 Thermalwasser: 65 °C heiß aus 2350 m Tiefe. Seine gesundheitsfördernden Hauptinhaltsstoffe sind Fluorid und Schwefel. Das warme Tiefenwasser der Ardeoquelle ist dabei nicht nur Lebensnerv der 1999 eröffneten Therme, es deckt auch den Wärmebedarf des nahen Kreiskrankenhauses und einer ganzen Siedlung in der Nachbarschaft.

Erholungsverein

Erholung für alle – seit mehr als 35 Jahren ist Freizeit in und um München Vereinssache

Es war kurz vor Weihnachten 1965. Die Gründer schauten ganz weit in die Zukunft und erkannten einen Riesenbedarf. Das Wirtschaftswunder boomte noch. Es würde den Bürgern nicht nur Wohlstand, sondern auch viel Freizeit bringen. Dafür mussten Räume geschaffen werden. Der damalige Münchner Oberbürgermeister Hans-Jochen Vogel und die Landräte von sechs angrenzenden Kreisen – Dachau, Freising, Fürstenfeldbruck, München, Starnberg und Wolfratshausen – beschlossen die Freizeitweichen zu stellen. Sie gründeten den „Verein zur Sicherstellung überörtlicher Erholungsgebiete in den Landkreisen rund um München". Seine Aufgabe: den drohenden Ausverkauf der Landschaft zu stoppen und gepflegte Anlagen für Naherholungsaktivitäten einzurichten, d. h. geeignete Grundflächen aufzukaufen und sie landschaftsgestalterisch auszubauen. Dazu statteten sie den Verein mit beachtlichen Finanzmitteln aus.

In den mehr als 35 Jahren seiner segensreichen Tätigkeit mit einem Jahresbudget von rund 1,5 Mio. Euro hat der Erholungsflächenverein über 30 Erholungsgebiete rund um München angelegt – Badeplätze an den Seen im Umland der Landeshauptstadt, vor allem aber neue Badeparadiese an aufgelassenen Kiesgruben –, alle vorbildlich ausgestaltet mit Rettungsstationen, Rettungsringen und Eisrettungsleitern, sanitären Einrichtungen, Notrufsäulen, Abfallbehältern und natürlich mit Liegewiesen, Kinderspielplätzen, Sport- und Spielfeldern, Kiosken, Biergärten und Wirtshäusern, aber auch mit Schutzbereichen für Amphibien, Wasserpflanzen und Brutvögel.

An die 60 Städte und Gemeinden sind inzwischen dem Verein als aktive Mitglieder beigetreten – sie tragen die Kosten der Pflege und Wartung der Vereinseinrichtungen auf ihrem „Hoheitsgebiet".

Wer rund um München sommerliche Erholung am Wasser sucht, trifft seither unausweichlich auf das orange-blau-grüne Markenzeichen des Vereins – Naherholung unter einem guten Stern.

Rund 5,8 km^2 Grund besitzt der Verein heute, etwa ein Drittel davon sind Wasserflächen. Für die nächste Zukunft hat er noch zwei, drei weitere Erholungsgebiete aufs Korn genommen, denn die Nachfrage nach Naherholungseinrichtungen steigt ungebrochen weiter, und es steigen auch die Ansprüche an aktive, erlebnisreiche Freizeit. So bleibt noch viel zu tun für den Verein. Die Benutzung der Einrichtungen ist unentgeltlich. Pfleglicher Umgang mit ihnen ist der beste Dank dafür.

Fahrradmitnahme beim MVV

Alles, was Sie wissen müssen

Wer?

Jeder darf nur ein Fahrrad mitnehmen, ein Kind bis 11 Jahre nur, wenn jemand mitfährt, der schon 15 J. alt ist.

Was?

Die Mitnahmeregeln gelten für „normale" Fahrräder. Räder mit mehr als zwei Rädern, mit einer Sonderkonstruktion oder mit Motorausrüstung dürfen nicht mit.

Wo?

Ein Fahrrad oder ein Tandem können Sie mitnehmen:

- in der U-Bahn (nur Fahrräder, keine Tandems), in der S-Bahn in den dafür freigegebenen Eingangsbereichen, jedoch höchstens zwei Fahrräder an jedem Eingang;
- in den Zügen der Linie A in den Mehrzweckabteilen, mehr als zwei, wenn es genügend Platz gibt;
- in den Nahverkehrszügen der Bundesbahn und der Bayerischen Oberlandbahn, bei denen die MVV-Fahrkarte gilt, in den Eingangsbereichen.

Wann?

- An Samstagen, Sonntagen und Feiertagen können Sie jederzeit mit dem Fahrrad einsteigen.
- Während der Hauptverkehrszeiten an Werktagen (Montag bis Freitag) dürfen Fahrräder bei der U-Bahn und bei der S-Bahn nicht mit. Die Hauptverkehrszeiten sind morgens zwischen 6.00 und 9.00 Uhr und nachmittags von 16.00 bis 18.00 Uhr
- In den Schulferien können Sie dagegen an Werktagen auch nachmittags das Fahrrad mitnehmen.

Wie viel?

Zusätzlich zur eigenen Fahrkarte entwerten Sie für jede Mitfahrt des Fahrrads eine Einzelfahrkarte für 1 Zone oder 2 Streifen der Erwachsenen-Streifenkarte. Kinder (6–14 Jahre) entwerten für das Fahrrad eine Kindereinzelfahrkarte oder 1 Streifen der Kinderstreifenkarte.

Außerdem gibt es für Erwachsene eine Fahrrad-Tageskarte, mit der man an einem Tag beliebig oft das Rad mitnehmen kann. Kinder entwerten dazu eine Kinder-Tageskarte (zusätzlich zur eigenen). Für Tandems bezahlen Sie immer den doppelten Fahrpreis für Erwachsene.

Und sonst?

- Während der gesamten Fahrt müssen Sie das Fahrrad festhalten, es sei denn, Sie können in den Zügen oder Abteilen vorhandene Sicherungsvorrichtungen für das Fahrrad benutzen.
- Auf den Bahnsteigen darf man nicht Rad fahren, sondern muss das Rad schieben.
- Fahrräder dürfen nicht auf die Rolltreppen, sie müssen auf den festen Treppen getragen werden.
- Zusammengeklappte Fahrräder dürfen Sie auch während der Hauptverkehrzeiten an Werktagen mitnehmen. Sie gelten als Handgepäck; Mitnahme kostet nichts.

Register

Die Abbildungen ohne Bildunterschriften zeigen:
Seite 2: Am Regattaparksee
Seite 3: Die Amperoase in Fürstenfeldbruck
Seite 4: Im Freibad Germering
Seite 5: Wasserspielplatz im Ungererbad
Seite 6: Kinderspielplatz im Freibad Maisach
Seite 9: Wasserpilz und Strömungskanal im Ungererbad
Seite 10: Kinderrutsche im Ungererbad
Seite 48: Am Feldmochinger See
Seite 80: Landebecken der Riesenrutsche in der Freizeitanlage Mammendorf

Eine Produktion des Bruckmann-Teams

Bearbeitung, Fotos und Kartenskizzen:
Bernd Glocke, i-team GmbH, München
Titelbild: Copyright by Florian Werner/LOOK

Satz: BUCHFLINK · Rüdiger Wagner, Nördlingen

Alle Angaben dieses Werkes wurden sorgfältig recherchiert und auf den aktuellen Stand gebracht sowie vom Verlag auf Stimmigkeit geprüft. Für die Richtigkeit der Angaben kann jedoch keine Haftung übernommen werden. Für Hinweise und Anregungen sind wir jederzeit dankbar. Bitte richten Sie diese an den Bruckmann Verlag, Lektorat, Postfach 80 02 40, 81602 München, E-Mail lektorat@bruckmann.de.

Gedruckt auf chlorfrei gebleichtem Papier

Die Deutsche Bibliothek – CIP Einheitsaufnahme
Ein Titeldatensatz für diese Publikation ist bei
Der Deutschen Bibliothek erhältlich.

Gesamtverzeichnis gratis:
Bruckmann Verlag GmbH, 81664 München
Internet: www.bruckmann.de

Printed in Italy by Printer Trento S.r.l.
ISBN 3-7654-3815-4